www.tredition.de

AF185165

Barbara Palsherm-Schäfer

Wie wird es sein?

Beobachtungen und Gedanken einer Sterbebegleiterin

www.tredition.de

© 2017 Barbara Palsherm-Schäfer

Verlag: tredition GmbH, Hamburg

ISBN
Paperback: 978-3-7439-0174-2
e-Book: 978-3-7439-0176-6

Printed in Germany

Als Sterbebegleiterin im Hospiz habe ich Kontakt zu Menschen in der letzten Lebensphase. Ich sehe die Verschiedenheit ihrer Bedürfnisse und wie sie mit ihrem Schicksal umgehen. In diesem Buch gebe ich meine Beobachtungen und Empfindungen dazu wieder.

Je mehr ich mich mit dem Thema beschäftige, umso ruhiger bin ich, wenn ich mit Sterben und Tod konfrontiert werde. Vielleicht geht es Ihnen nach der Lektüre auch so.

Ich werde keine exakte Krankheitsbezeichnungen nennen oder das Alter eines Patienten angeben. Menschen sterben an Krankheiten, durch einen plötzlichen Unfall und in jedem Alter.

Wenn ich die männliche Form eines Berufs, Engagements o.ä. gebrauche, soll das als Fachbezeichnung angesehen werden und weibliche wie männliche Personen bezeichnen.

Inhaltsverzeichnis

-

Einführung

Warum ließ ich mich für den Hospizdienst ausbilden?

Ich gehörte ehrenamtlich zwölf Jahre zum Besuchsdienst eines Altenheims im Landkreis München. Um mehr über das Älterwerden und Gebrechlichkeit zu erfahren, habe ich während dieser Zeit einen Altenhelferkurs absolviert, eine Ausbildung zur Sitztanzleiterin gemacht und in einigen Heimen Stunden mit Bewegung, Singen und Vorlesen gegeben. Dabei erlebte ich, wie viel Freude, Heiterkeit und fröhliches Beisammensein so in das Leben der Heimbewohner einkehrten.

Ich bekam einen Einblick in den Alltag und die Arbeit in Altenheimen, baute Beziehungen zu den Bewohnern auf und durfte ihren Lebensverlauf begleiten. Viele von ihnen zogen als rüstige Senioren ein, bewohnten ein eigenes Zimmer und hatten Möbel von zuhause dabei. Sie fühlten sich heimisch und nahmen an den Angeboten des Hauses teil.

Im Laufe der Jahre änderte sich das; ihr Aktivitätsradius wurde eingeschränkt. Das Leben verlief ruhiger, der Körper wurde schwächer, Krankheiten stellten sich ein. Es folgte erst ein Umzug in den Trakt für betreutes Wohnen und dann am Ende des Lebens siedelten sie über in die Pflegeabteilung.

Auf der Pflegestation begleitete ich Menschen, die ich im Laufe der Jahre lieb gewonnen hatte und die sich nun auf das Ende vorbereiteten. Diese Phase ist bei jedem Menschen anders. Ich versuchte, da zu sein, noch irgendwie zu helfen. Darüber, wie ich das am besten machen könnte, wollte ich schließlich mehr wissen.

Was passiert in der letzten Phase des Lebens? Wie kann ich professioneller mit dem Sterben umgehen?

Seit Jahren war ich passives Mitglied des Christophorus-Hospiz-Verein e.V. in München, nahm dort an Vorträgen und Veranstaltungen teil, bis ich so weit war, die „Arbeit" als Sterbebegleiterin zu vertiefen. Ich hatte mich ausgiebig mit dem Thema beschäftigt und nun war der Zeitpunkt gekommen, eine fundierte Sicht auf das Sterben und den Tod zu erhalten. Ich machte die Ausbildung zur Sterbebegleiterin.

1. Veränderungen

1.1 Unser kostbares Leben

Unser Leben ist faszinierend mit allen Facetten. Mal durchschreiten wir tiefe Täler, erleben Schmerz und Verzweiflung, sei er von uns selbst verursacht oder von außen aufgedrängt. Dann wieder erklimmen wir luftige Höhen, sind erfüllt von Liebe und Glück. Der Alltag erscheint uns oft unscheinbar und wenig erwähnenswert. Aber staunen wir nicht gerade über eine unerwartete Begegnung, die plötzlich kommt wie ein Lichtblick, auf den wir schon lange gewartet haben?

Wir pflegen unser Dasein und lassen es uns gut gehen, wünschen uns, ewig zu leben. Im Alter möchten wir beraten, das erworbene Wissen weitergeben, andere an die Hand nehmen und beschützen. Wir möchten so weitermachen, wie wir es kennen. Wir lernen, um den Geist wachzuhalten; wir treiben Sport, damit der Körper gesund bleibt. Wir reisen, möchten mit lieben Menschen zusammen sein. Es ist ein großer Katalog der Vielfalt, den das Leben bietet.

Aber irgendwann wird es zu einem Ende kommen. Pflanzen und Tiere sterben und machen Platz, damit die nächste Generation wachsen und bestehen kann. Sogar im unendlichen All herrscht Vergänglichkeit. Selbst Sterne sterben.

Die Zeit jedes Menschen auf Erden ist begrenzt. Seien wir realistisch. Stellen wir uns vor, dass Zellen und Gewebe unseres Körpers nur eine bestimmte Anzahl an Jahren erreichen können, um ihren Dienst zu tun und zu funktionieren. Wie alt möchten wir werden? In welchem Zustand möchten wir dieses Alter erreichen?

In der heutigen Gesellschaft haben viele Menschen schon Angst, überhaupt älter zu werden. Von Krankheit und Tod hören wir nicht gerne. Das verdrängen wir – es hat ja noch Zeit. Irgendwann werden wir uns damit beschäftigen, aber nicht jetzt.

Wovor haben wir eigentlich Angst? Ist es der Tod?

Wenn ich mich umhöre, bekomme ich meist folgende Antworten:
- nicht der Tod beunruhigt mich, sondern die Zeit davor,
- die Hinfälligkeit,
- Hilfe annehmen zu müssen,
- abhängig von anderen zu sein,
- mein Leben nicht mehr so gestalten zu können, wie ich es möchte,
- Schmerzen erleiden zu müssen.

Das sind berechtigte Ängste und Befürchtungen, und sie sind gut nachvollziehbar. Zu gerne wollen wir unser Leben selbst gestalten und agieren, wie es zu uns passt. Wir wollen nicht abhängig sein von anderen oder als pflegebedürftige Menschen verwahrt und verwaltet werden.

Und doch wird es für die meisten von uns eine Zeit geben, in der wir nichts mehr selbst gestalten können, weil wir schwächer werden an Körper und Geist. Eine Zeit, in der wir froh sein werden, wenn wir Hilfe erfahren dürfen.

Eine Redensart sagt: Lebe jeden Tag so, als sei es der letzte. So zu leben ist unrealistisch und nicht möglich. Aber wenn wir bewusst leben, dann richten wir unsere Energie und Wünsche auf Erreichbares aus. In der Gewissheit, dass es eines Tages tatsächlich zu Ende sein wird.

1.2 Veränderungen in der Gesellschaft

Die Einstellung des Menschen zu Sterben und Tod hat sich im Laufe der Jahre immer wieder verändert. 1958, als meine Großmutter starb, habe ich mit der ganzen Familie an ihrem Sterbebett, dem Ehebett im Schlafzimmer, gestanden. Ich war noch ein Kind und habe mir neugierig angesehen, was da vor sich ging. Der Zusammenhalt der Familie bedeutet mir heute noch Wärme, Stärke und Geborgenheit. So habe ich es damals erlebt. Es war ein logischer Ablauf, die Oma war krank und starb dann. Nun war sie im Himmel.

Wie die Erwachsenen es sahen, weiß ich nicht. Wurde je darüber gesprochen? Die Großmutter war längere Zeit krank gewesen. Aber was hatte ihr eigentlich gefehlt? Ich war zu jung, um nachzufragen. Das machte man zu der Zeit auch nicht.

Im Jahre 1982 erlebte ich den Tod meiner Schwiegereltern ganz anders. Die Zeiten hatten sich geändert. Erzählungen kursierten, dass Sterbende im Krankenhaus in Abstellräume oder in Badezimmer abgeschoben und versteckt wurden. Es wurde nicht mehr öffentlich gestorben. Andere Patienten sollten damit nicht belastet werden. Das Pflegepersonal tat so, als wüssten die Betroffenen nicht, wie es um sie stand. Die Situation blieb in der Schwebe.

Als der Schwiegervater im Frühjahr und die Schwiegermutter kurz vor Weihnachten starben, konnten sie es selbst nur ahnen. Die Ärzte sprachen lediglich mit uns Angehörigen. Sie erwarteten von uns, dass wir es den Sterbenden vorsichtig beibrachten, denn das Pflegepersonal hatte ebenso wenig wie wir gelernt, mit dieser Tatsache umzugehen. Sie hofften, dass wir die richtigen Worte finden würden. Als Angehörige kannten wir die Patienten am besten. Die „Fachleute" gaben die Verantwortung ab in die Hände der Familie.

Heute sieht es so aus, als gäbe es kein Sterben. Wir werden nicht einmal mehr alt. Ein Jugendwahn grassiert, wir besuchen Fitnesscenter, laufen und stretchen uns geschmeidig. Das Leben scheint unendlich, nur arme Loser bekommen fiese Krankheiten oder Schlimmeres.

Aber ganz konnte die Bedrohung durch den Tod nicht aus unserem Alltag verbannt werden. In den Regalen der Buchhandlungen stehen meterweise Titel der Spannungsliteratur zur Ent-Spannung. Wir ergötzen uns an Schilderungen, wie schlecht es anderen geht. Filme und Computerspiele zeigen Szenen sehr drastisch und laden zu Gewalt und Vernichtung ein. Geschieht ein Unfall oder Brand, kommen die Rettungskräfte nicht zum Einsatzort, weil Katastrophentouristen die Straßen verstopfen. Sie wollen sich nichts entgehen lassen, den Nervenkitzel erleben. Und neuerdings kommen Hilfskräfte nicht zum Unfallort, weil Gaffer Fotos von dem Verunglückten schießen müssen – um sie dann öffentlich zu machen und ins Internet zu stellen.

Geschieht ein Unfall oder Brand, sind wir fasziniert von diesem Geschehen.

Aber wie geht es uns, wenn der Unfall vor der eigenen Haustür passiert? Wenn er ganz nahe kommt? Oder wenn ein Verwandter oder Bekannter unter den Opfern ist? Dann sehen wir plötzlich diesen Kitzel ganz anders. Dann sind wir mitten im Geschehen. Was sollen wir tun? Haben wir irgendeine Vorstellung davon, wen wir um Hilfe bitten können, was überhaupt getan werden muss? Wir haben uns vorher nicht darum gekümmert, nie auch nur einen Gedanken daran verschwendet, was uns im Verlauf unseres Lebens noch (negatives) passieren könnte. Es sollte doch immer so weiter gehen wie bisher.

Seit einigen Jahren hat sich etwas verändert. Man spricht wieder über Sterben und Tod. Sterbebegleitung? Sterbehilfe? Das Thema wird jetzt gesellschaftsfähig. Nur wenn wir akzeptieren, dass wir nicht unendlich sind, haben wir eine Chance, Informationen einzuholen, uns nach Hilfen umzusehen und entspannter mit dem Sterben umzugehen.

1.3 Bewusstsein

In Frauengruppen, Seniorenvereinen oder bei kirchlichen Veranstaltungen stelle ich die Palliativ- und Hospizangebote in meiner Stadt vor, von denen jeder im Falle der Bedürftigkeit Hilfe erhalten kann. Es geht also um die Zeit, wenn wir nicht mehr flott zum Kaffeetrinken und zu Vorträgen gehen und das Leben selbständig führen können: dann, wenn wir Hilfe in Anspruch nehmen müssen.

Schon bei der Ankündigung des Termins höre ich: „Das Thema ist mir zu schwierig." „Mein Mann war gerade so krank, davon will ich gar nichts mehr hören." „Nein, das möchte ich mir nicht antun." Deshalb taste ich mich immer langsam an den Inhalt heran, um keine Ängste zu wecken.

Zum Vortrag sitzt nur die Hälfte der Zuhörer vor mir, die sonst zu anderen Veranstaltungen kommen. Aber am Ende, wenn ich verschiedene Situationen angesprochen, Hilfsangebote aufgezeigt und Telefonnummern verteilt habe, sind meine Zuhörer erleichtert und dankbar. Ihre Befürchtungen sind verflogen. Jetzt halten sie etwas in der Hand, das sie für den Notfall rüstet.

Viele erzählen mir eigene Fallgeschichten aus der Familie und dem Bekanntenkreis, weil sie spüren, dass hier der Raum dafür ist. An diesem Ort dürfen und können sie alles aussprechen. Niemand wendet sich ab, um über andere Dinge zu sprechen. Indem diese Erfahrungen in Worte gekleidet werden, nehmen die beklemmende Vorstellung, die Furcht und das Unbehagen zu diesem Thema ab.

Aber nicht nur alte, sondern auch junge Menschen sterben. Sie werden von Krankheiten heimgesucht, die tödlich verlaufen können: Krebs, AIDS, Schlaganfälle; sie haben Verkehrsunfälle. In jedem Alter sollte man Vorsorge treffen.

1.4 Was wir hören

Wenn wir gefragt werden „Wie geht's" wird nicht erwartet, dass wir über das wirkliche Befinden sprechen. Die Antwort sollte immer „gut" sein. Vielleicht noch gewürzt mit Urlaubsplänen, witzigen Begebenheiten oder erfreulichen Begegnungen. Was passiert, wenn wir sagen, dass es uns gar nicht gut geht? Dass wir krank sind? Diese Krankheit tödlich verlaufen könnte? Das Gegenüber reißt aus. Hat gerade ganz viel zu tun – hat einen Termin – muss weg!

Wenn ich im Gespräch einfließen lasse, dass ich Sterbebegleiterin bin, ändert sich merklich die Stimmung. Der Blick wird gesenkt, die Stimme tiefer: „Ach du je". Eigentlich möchten sie sagen: „Du Arme". Fast sicher ist die Bemerkung: „Das könnte ich nicht."

Wenn ich erzähle, was mir diese Arbeit bedeutet, wie sie mich bestätigt und mit Zufriedenheit erfüllt, folgt ungläubiges Staunen. Das kann sich der Gesprächspartner nicht vorstellen.

Was hören wir? Hören wir richtig hin? Wie reagieren wir, wenn jemand signalisiert: Mir geht es nicht gut. Wie verhalten wir uns, wenn der Name einer lebensbedrohlichen Erkrankung fällt? Was tun wir?

Meist gehen wir nicht darauf ein. Wir fragen nicht nach. Schnell wechseln wir das Thema, berichten von Krankheitsgeschichten, die wir irgendwo erlebt, gehört oder gelesen haben. „Das wird schon wieder. Kopf hoch."

Wir versuchen die Situation zu erklären, ohne das eigentliche Geschehen zu nah an uns heranzulassen. Oft möchten wir uns gar nicht damit befassen. Dann folgen ausführliche Erzählungen von eigenen Unpässlichkeiten. Man hat ja auch schon einiges erlebt. Aber man war stark und hat aus der Misere herausgefunden.

1.5 Wettbewerbe

Eine Krankheit kann auch interessant machen.

So wie mit diesen zwei Freundinnen. Die eine hatte Krebs und ging durch alle Behandlungen. Menschen spendeten Trost, sie bekam viel Zuwendung. Die Umgebung ängstigte sich etwas, war aber froh, verschont zu sein.

Als die zweite Freundin auch an Krebs erkrankte, begann eine Art Wettstreit. Welcher Krebs war schlimmer? Welche Behandlung war aggressiver? Wer hatte mehr auszuhalten?

Irgendwann ist die Freundschaft zerbrochen, die Rivalität war zu stark.

Auch in Wartezimmern ringen die Patienten häufig um den Pokal der außergewöhnlichsten Krankheit. Genüsslich werden Behandlungsmethoden ausgebreitet, es wird von den größten und längsten Organentnahmen berichtet und verlorene Steine werden gezählt. Die Zuhörer sind fachkundig. Alle sitzen in dem gemeinsamen

(Wartezimmer)-Boot und haben gerade Zeit. Und jeder hat irgendeine Erkrankung.

Trotzdem haben wir alle Angst vor der Diagnose, die unser Leben bedrohen könnte. Einige Menschen gehen deshalb gar nicht zum Arzt. Da könnte etwas Bösartiges gefunden werden. Es ist kaum auszuhalten über Krankheit, Schwäche, Hilfslosigkeit zu hören oder sich damit beschäftigen zu müssen. Diesem Wettbewerb um die schlimmste Krankheit möchten wir sehr gerne aus dem Wege gehen.

1.6 Hilft es, gläubig zu sein?

Wie wird es sein?

Dann werden wir stille sein und schauen,

schauen und lieben,

lieben und loben.

Das ist´s, was dereinst sein wird,

an jenem Ende ohne Ende.

Denn welch anderes Ende

gäbe es für uns,

als heim zu gelangen zu dem Reich,

das kein Ende hat?

Aurelius Augustinus

Mir sind Menschen begegnet, die tief in ihrem christlichen Glauben verwurzelt waren. Sie erwarteten nach dem irdischen Leben die Gemeinschaft der Gläubigen in der anderen Welt. Behütet von Gott und allen Heiligen fühlten sie sich gut aufgehoben und gingen zuversichtlich aus diesem Dasein.

Gleichzeitig ist die christliche Religion streng. Es müssen Gebote und Regeln eingehalten werden, die einen Christen auch verunsichern können. Ist es möglich für mich armen Sünder, in das Himmelreich einzugehen? Wie wird über mich gerichtet werden?

Genauso können Menschen, die nicht an die Ewigkeit glauben, ruhig auf das Ende schauen. Das Leben ist dann vorbei. Da ist nichts mehr.

Andere glauben an die Reinkarnation, die Wiedergeburt der Seele in einem neuen Leben. Im Buddhismus erwartet man eine andere Lebensform im Danach. So wie dieses Erdenleben gelebt wurde, kann danach eine andere – bessere? - Form erreicht werden.

Sterbende sprechen oft das eventuelle Leben nach dem Tod an. Die Antwort auf die Frage, ob jemand, der gläubig ist, leichter den Sterbeprozess annimmt, kann nicht pauschal beantwortet werden. Menschen sind verschieden in ihrem Denken, Wahrnehmen und den Vorstellungen von dem Danach. Jeder darf glauben, was und an wen er möchte, wenn es ihm beim Verlassen dieser Welt hilft.

2. Palliativ

Was ist palliativ? Der Begriff kommt von dem lateinischen Wort *palliare* und wird übersetzt mit *umhüllen, verbergen.*

2.1 Palliativpflege stationär

Forschung und Wissenschaft machen rasante Fortschritte und medizinische Errungenschaften helfen den Menschen. Mittlerweile ist nicht nur vieles möglich, sondern ein Zuviel macht uns Angst. Statt das Ende eines Lebens zu respektieren, werden Behandlungen angeordnet und Leben künstlich erhalten. Umgangssprachlich nennen wir es: an Schläuchen oder an Maschinen hängen. Dabei wollen viele Betroffene nicht durch die Magensonde ernährt oder wiederbelebt werden. Die Mehrzahl wünscht sich ein ruhiges Ende.

Der Auftrag eines Krankenhauses ist klar: Erkrankte Menschen sollen gepflegt und gesund werden. Wir erwarten eine Behandlung, die unsere Erkrankung lindert oder gänzlich heilt.

Bei einer fortgeschrittenen Krankheit, wo keine Hoffnung auf Besserung besteht, werden die Patienten oft entlassen. Es kann nichts mehr getan werden, sie sind „austherapiert". Diese Entscheidung ist meist schwierig. Von Seiten des Krankenhauses müssen die Fallpauschalen und Sonderentgelte eingehalten werden. Meine Erfahrung sagt: Es gibt für jedes Krankenhaus einen Ermessensspielraum.

Welchen Behandlungsschlüssel hat dieser junge Arzt wohl gefunden?

Ich habe erlebt, dass ein Arzt seiner sterbenskranken Patientin gestattete, auf seiner Station zu bleiben. „Hier war sie schon so oft, sie kennt die Räumlichkeiten und das Personal. Ich möchte nicht, dass sie noch einmal verlegt wird."

Hierbei meinte er das Hospiz, in dem die Patientin angemeldet war und auf der Warteliste stand. Dieser Arzt fand einen Weg, sie der Strapaze eines Umzugs nicht auszusetzen. Sie ist zwei Tage später ruhig verstorben – auf seiner Station. Dort, wo sie sicher war und sich gut aufgehoben fühlte.

In der Regel wollen die Menschen nicht in unseren Krankenhäusern sterben. Immer noch haben wir diese Bilder vor Augen: Krankenschwestern schieben sterbende Menschen aus den Krankenzimmern, weil man das den anderen Patienten nicht zumuten will. Sterben gehört nicht zu einem guten Krankenhaus. Der Tod verfälscht die positive Statistik der Behandlungserfolge.

Heute hat fast jedes Krankenhaus eine spezielle Palliativstation, die schwerstkranke Patienten aufnimmt, welche vorher in anderen Abteilungen lagen, und wo keine Besserung zu erwarten ist. Auf Palliativstationen darf man bis zuletzt bleiben und sterben. Der Personalschlüssel wurde erhöht, damit die Pfleger mehr Zeit haben, sich um ihre Patienten zu kümmern.

Die Sterbenden werden mit Medikamenten versorgt, die Schmerzen lindern, Ängste und Unruhe besänftigen. Es gibt keine lebensverlängernden Maßnahmen.

Der Patient kann nach einer optimalen Einstellung seiner Medikamente zurück in den häuslichen Bereich gehen. Ist dies nicht möglich, bleibt er auf der Station, allerdings nicht unbegrenzt. Die Krankenkassen bestimmen, wie lange sie diese Form der Behandlung bezahlen. Die Palliativstation muss Stellung beziehen, warum der Patient weiter dort liegen soll.

2.2 Palliativpflege ambulant

Der Auftrag der ambulanten Palliativpflege ist der gleiche wie auf der Palliativstation eines Krankenhauses. Die ambulante Palliativpflege übernimmt die Versorgung des Patienten zu Hause oder im Altenheim. In erster Linie besteht das Pflegeteam aus Schmerzärzten und dafür ausgebildeten Pflegekräften. Ein wichtiger Ansprechpartner ist der Hausarzt, der alle Rezepte und Verordnungen ausstellt.

Das Palliativteam ist sehr nahe bei dem Patienten. Sie beobachten, was der kranke Mensch braucht. Es werden Vorschläge gemacht, welche Pflege dem Patienten helfen könnte, wie z.B. Logopäden, Chiropraktiker und andere Fachkräfte dem Körper Linderung verschaffen können. Darüber hinaus werden bei Bedarf Sozialarbeiter, Seelsorger und vielleicht Gesprächspartner aus der ambulanten Hospizbewegung hinzugezogen.

Die wichtigste Aufgabe ist die Symptomkontrolle, damit die Schmerzen genommen werden, ohne das Bewusstsein des Sterbenden zu sehr zu beeinträchtigen. Er soll beruhigt werden; man zeigt ihm, dass er nicht alleine ist. Diese medizinischen Eingriffe haben nicht die Heilung oder Lebensverlängerung zum Ziel, sondern die Beschwerdefreiheit des Patienten vor Augen.

Der Patient ist ein vollwertiger Partner im Team, die wichtigste Person und der Mittelpunkt. Es wird ihm erklärt, welche Maßnahmen ergriffen werden können. Dann entscheidet er selbst, was geschehen soll, und welche dieser Maßnahmen er wünscht. Er darf äußern, wie viel er ertragen kann und möchte, und was überhaupt noch unternommen werden soll. Die Palliativmedizin beschönigt nicht und weckt keine falschen Hoffnungen.

3. Hospiz

Hospize (abgeleitet vom lat. *hospitium* – *Herberge*) sind schon aus dem Mittelalter bekannt. Meist waren sie an Klöster angeschlossen, fungierten als Herbergen für Kranke und sterbende Menschen. Wir finden sie heute noch in Pilgerstätten, alten Krankenhäusern oder Rettungsstationen im Hochgebirge. Sie bieten Reisenden und Kranken Schutz und Fürsorge; ein Dienst, der oft aus dem christlichen Verständnis Zuwendung, Geborgenheit, Stärkung und Heilung vermittelt.

3.1 Die moderne Hospizidee

Die moderne Hospizbewegung ist eng mit zwei Frauen verknüpft. Beide kamen aus dem medizinischen Bereich.

Cicely Saunders lebte in England. Sie arbeitete erst als Krankenschwester und Sozialarbeiterin. Nach dem Zweiten Weltkrieg erlebte sie in ihrer Arbeit als Ärztin, dass Patienten im Endstadium unzureichend versorgt waren und unter Schmerzen litten. Oft wurden sie nicht ernst genommen. Mit ihren Nöten und Ängsten waren sie sich selbst überlassen. Cicely Saunders wollte dies ändern, denn alle Kranken sollten eine würdige Behandlung bis zuletzt erhalten.

Zwanzig Jahre rang Cicely mit Widerständen in der Bevölkerung und den Behörden, bis sie das erste öffentliche „St. Christoph´s Hospice" in Sydenham südöstlich von London eröffnen konnte.

Als Christin lehnte Cicely Saunders die Sterbehilfe strikt ab. Für sie galt Sterben als Teil des Lebens; es war eine Chance, einen Abschluss zu finden. Ihr Motto war: „Nicht dem Leben mehr Tage geben, sondern den Tagen mehr Leben."

Sterbende sollten mit ihrer Familie und Freunden zusammen sein und so ihr Leben auch für sich selbst abgerundet beenden können.

Cicely Saunders Philosophie umfasst die Pflege und Schmerztherapie als Kennzeichen der modernen Hospizidee.

2005 starb sie, geadelt von Queen Elizabeth II als „Dame Commander of the Order of the British Empire", in dem ersten Hospiz, das sie 1967 selbst eröffnet hatte.

Elisabeth Kübler-Ross ist – unabhängig von ihren umstrittenen Positionen zu Sterbephasen und Nahtoderlebnissen – für die Hospizbewegung von großer Bedeutung. Sie arbeitete als Ärztin in einem Krankenhaus in Chicago und beschäftigte sich mit der Hospizidee. Dort wurde sie entlassen, weil sie sich zu lange bei den Sterbenden aufhielt. Sie sollte ihre Arbeitskraft zur Behandlung und Heilung der Kranken einsetzen, bei denen es sich noch „lohnte".

Berühmt wurde Elisabeth Kübler-Ross durch die Veröffentlichung ihrer Aufzeichnungen „Interview mit Sterbenden".

In diesen Gesprächen sehen wir, wie sie auf die Bedürfnisse der Menschen einging. Elisabeth Kübler-Ross zeigt, wie wichtig es ist, dass jemand nachfragt, dass es jemanden interessiert, was der Sterbende empfindet, was er sich wünscht und wie er begleitet werden möchte.

Diese Bedürfnisse sind so unterschiedlich wie die Menschen, die sie äußern. So wie in aktiven Lebenszeiten jeder Mensch eine Persönlichkeit ist, setzt er auch am Ende seines Lebens eigene Prioritäten.

In der Gegenwart hat die Hospizbewegung eine beachtliche Entwicklung vorzuweisen. Dabei kommt ehrenamtlichen Mitarbeitern eine verdienstvolle Rolle zu.

Ich bin ehrenamtliche Sterbebegleiterin in der Lübecker Hospizbewegung e.V. Der Verein hat ca. fünfzig Ehrenamtliche, die aktiv im Einsatz sind und hauptsächlich zu Menschen in den häuslichen Bereich gehen, wo sich Alleinstehende, Paare und Familien in ihrer privaten Atmosphäre befinden. Auch Altenheime wünschen sich für ihre Bewohner eine Begleitung, damit ihnen jemand in der letzten Lebenszeit zur Seite steht.

Diesen Text schreibe ich auf Grund meiner langjährigen und vielseitigen Erfahrungen.

Die Hospizvereine schulen die ehrenamtlichen Mitarbeiter zu Beginn mit einer fundierten Ausbildung und unterstützen sie regelmäßig mit Supervisionen.

3.2 Ausbildung

Die meisten Hospizvereine bilden ihre Sterbebegleiter selbst aus. Sie orientieren sich dabei an den Richtlinien des Deutschen Hospiz- und PalliativVerbandes. Ein Kurs über ca. achtzig Stunden kann aus Grund- und Aufbaukurs bestehen, diese zwei Elemente dürfen aber auch zu einem Gesamtausbildungskurs zusammengefasst werden.

Auf jeden Fall muss ein Praktikumseinsatz in einer stationären Altenpflegeeinrichtung absolviert werden.

Die Ehrenamtlichen werden im Rahmen der Ausbildung mit der Hospizidee und Palliativ-Care vertraut gemacht. Sie setzen sich mit ihrer eigenen Biografie und vor allem persönlichen Erfahrungen mit dem Sterben, Tod und Trauer auseinander. Sie loten ihre Motivation und die Grenzen ihrer Belastbarkeit aus; beschäftigen sich intensiv mit ethisch-rechtlichen Fragen, Religiosität und dem Umgang mit weltanschaulichen Überzeugungen. Fachkräfte halten Seminare mit Themen z.B. aus der Krankenpflege, Seelsorge, dem Bestattungswesen. Auch Aromatherapeuten und Ernährungswissenschaftler werden hinzugezogen.

Die Mehrzahl der Kursteilnehmer nimmt an der Ausbildung teil, um als Sterbebegleiter zu arbeiten. Manche möchten sich umfassend über das Thema Sterben und Tod informieren, weil sie gerade selbst einen Verlust in der nächsten Umgebung erfahren haben. Einige wenden das erworbene Wissen beruflich an.

Die Motivationen sind sehr verschieden. Manchmal scheidet ein Teilnehmer aus dem Kurs aus, weil er sich die Inhalte der Ausbildung anders vorgestellt hat oder damit überfordert ist.

Nach Ende der Ausbildung kann der neue Sterbebegleiter in der ambulanten Hospizarbeit eingesetzt werden.

3.3 Supervision

In der Hospizbewegung, der ich angehöre, wird den ehrenamtlichen Mitarbeitern einmal im Monat eine Supervision angeboten.

Eine Gruppe von ca. zwölf Sterbebegleitern berichtet über ihre Erfahrungen und Schwierigkeiten. Wir reden über die aktuellen Fälle. Manchmal lösen sich im Gespräch Knoten, die dem Begleiter unentwirrbar erscheinen. Gemeinsam überlegen wir, wie z.B. mit den Ängsten eines Patienten besser umgegangen werden könnte.

Wir kritisieren uns auch ehrlich und meist ist das besonders hilfreich. In der Gruppe und mit der Supervisorin erfahren wir Klärung und Ermutigung, geben uns Anstöße und neue Denkansätze.

Ich übernehme keine Begleitung nach der anderen. Manchmal tut es gut, sich eine Auszeit zu gönnen. Danach gewinne ich etwas Abstand und tanke Kraft für den nächsten Einsatz. Auch in diesen Zeiten ist die Supervision wichtig für mich. Ich bekomme von den anderen Teilnehmern Informationen und Fallbeschreibungen, die mir bei meinen nächsten Begleitungen helfen können. In der Gruppe wachsen dadurch Vertrautheit miteinander und Vertrauen zueinander.

Wenn wir keine aktuellen Fallbesprechungen haben, erörtern wir Themen aus der Gesellschaft, die mit unserer Arbeit zu tun haben. Eine große Fülle eröffnet sich hier mit Motiven, die wir vielleicht irgendwann einmal mit einbeziehen können.

3.4 Hospizbegleitung stationär

Wie arbeiten Hospize heute?

Es gibt keine Säle mehr, in denen Sterbende miteinander untergebracht sind. Meist entstehen Hospize in kleinen Villen mit wenigen Einzelzimmern. Nur ganz selten werden größere Häuser angemietet oder gestiftet. Betrieben werden sie auch jetzt von schon bestehenden christlichen oder sozial helfenden Einrichtungen.

In Hospizen verbringen Menschen die letzte Lebensphase. Ihre unheilbare Erkrankung ist so weit fortgeschritten, dass eine intensive Pflege und Schmerztherapie erforderlich wird. Andere kommen ins Hospiz, wenn die Pflege zu Hause nicht mehr gewährleistet werden kann oder für die Angehörigen zu belastend wird.

In stationären Hospizen nimmt das Personal sich Zeit für jeden einzelnen Bewohner. Die Bedürfnisse des Patienten werden wahrgenommen und erhalten Raum. Ehrenamtliche helfen im Service und in Gesprächen. Die ambulant ausgebildeten Sterbebegleiter sind manchmal auch im stationären Hospiz tätig. Dort werden die notwendigen Medikamente für die Sterbenden so dosiert, damit sie bei vollem Bewusstsein mit ihren Angehörigen und Freunden zusammen sein können und „die Tage noch Leben haben". Die Besuchszeit umfasst in den Einrichtungen vierundzwanzig Stunden, ja, die Angehörigen dürfen sogar in einem Zusatzbett im Zimmer ihrer Lieben bleiben.

Zunehmende Schmerzen und abnehmende Lebenskraft stellen sich diesen Zielen in den Weg, vor allem, wenn die Beschwerdefreiheit im Vordergrund steht. Der Sterbende nimmt seine Umgebung nicht mehr so deutlich wahr. Aber die Individualität und Würde bleibt als Ziel unangetastet bis zum letzten Atemzug.

3.5 Beobachtungen aus dem stationären Hospiz

In stationären Hospizen hat das Pflegepersonal Zeit für die Bewohner. Der Pflegeschlüssel ist angehoben. Ehrenamtliche Helfer erfüllen soweit es möglich ist, jeden Wunsch des schwerstkranken Menschen. Die Zimmer werden individuell gestaltet, mit vielen Blumen und sind in freundlichen Farben gestrichen. Patienten, die auch Bewohner oder Gäste genannt werden, haben Fotos ihrer Lieben und andere persönliche Dinge um sich.

Hier wird gestorben. Hier darf gestorben werden. Einige Bewohner bleiben nur wenige Tage; andere mehrere Wochen. Dann muss die Verwaltung des Hospizes in festgelegten Abständen der Krankenkasse des Betroffenen Auskunft geben, warum die Notwendigkeit eines Hospizaufenthaltes noch gegeben ist.

Wegen der hohen Kosten ist der Aufenthalt streng geregelt. Die durchschnittliche Verweildauer liegt bei drei Wochen. Immer wieder gibt es diese wunderbaren Fälle, in denen der Kranke entkräftet in das Haus kommt, und dort plötzlich aufblüht. Er kann seine Ängste äußern; ihm wird zugehört und er wird ernst genommen. Er darf essen, was und wann er möchte. Zu jeder Zeit ist jemand für ihn da. Dadurch kann die Krankheit sanfter verlaufen. Dieses Phänomen tritt manchmal nur ganz kurz auf, wird aber immer wieder beobachtet.

Ab und zu verlässt ein sterbenskranker Mensch das Hospiz wieder. Wenn es ihm den Umständen entsprechend gut geht und er stabilisiert ist, kann er nach Hause oder in ein Altenheim zurückkehren. Mit der entsprechenden palliativen medizinischen Pflege ist es möglich, noch eine Zeitlang in seiner gewohnten Umgebung zu leben.

Normalerweise ist das stationäre Hospiz jedoch der letzte Platz, den ein Mensch bewohnt. Hier geht man auf ihn ein, lindert die Schmerzen und versucht, seine Wünsche zu erfüllen. Dann wird zwischendurch ein Pudding oder eine Suppe gekocht. Vielleicht ist es das einzige, was der Sterbende noch in kleinen Mengen zu sich nehmen kann.

So habe ich schon im Herbst Ostereier an einen Strauch gehängt, weil der Hospizgast diesen Anblick noch einmal sehen wollte, aber das richtige Osterfest nicht mehr erlebt hätte.

Ein anderes Mal habe ich eine Dame zu Hause begleitet. Irgendwann war es so weit und sie benötigte Pflege rund um die Uhr. Sie siedelte über ins Hospiz. Ihr Zimmer, heimelig gestaltet voller Familienfotos und Blumen, lag zur Straße hin und es war etwas laut. Aber sie zeigte mir begeistert die Kindergartenkinder gegenüber. Sie konnte den brausenden Verkehr beobachten. Das war Leben. Sie sagte mir, sie müsse jetzt rasch sterben, damit schnellstens noch jemand anderes dieses schöne Zimmer genießen könne!

Diese Dame aß noch selbständig, auch wenn sie nach der Hälfte des Joghurtbechers schon satt war. Mit langsamen Schritten ging sie zum Badezimmer, führte dort ohne Hast alle Verrichtungen alleine durch. Sie hatte Angst, das nicht mehr ohne Hilfe bewältigen zu können.

Die Tochter arrangierte eine Party, lud Freunde und Verwandte ein. Diesen Tag hat die Patientin sehr genossen. Als ich sie am nächsten Morgen besuchte, stand das Zimmer voller Blumen, es roch betörend. Sie lag im Bett und war nicht mehr ansprechbar. Zwei Tage später starb sie. Vermutlich (hoffentlich) hat sie nicht mehr gemerkt, dass sie jetzt von Fremden versorgt werden musste.

Ich empfand ihr Ende als sehr tröstlich für mich selbst, denn ihre letzten Wünsche waren in Erfüllung gegangen. Und die bunten Blumen hatten eine ganz andere Bedeutung bekommen. Sie waren zu Totenblumen geworden.

3.6 Hospizbegleitung ambulant

Die Vereine der ambulanten Hospizbewegung arbeiten u.a. mit den Palliativteams und den stationären Hospizen zusammen. Neben dieser Fachpflege gibt es unterschiedliche Wünsche der Entlastung bei der Versorgung kranker Menschen. Hilfreich sind die Angebote der ehrenamtlichen Mitarbeiter der ambulanten Hospizbewegung. Deren Besuche werden nicht nur für den Erkrankten, sondern auch für seinen Partner oder die Angehörigen, gewünscht. Geboten werden dabei Zeit für Gespräche und Anregungen für die Entlastung aller Betroffenen.

Auch Altenheime nehmen gerne Begleitungen von den Hospizbewegungen in Anspruch. Sie möchten, dass ihre Bewohner in der Sterbephase nicht alleine sind, sondern einen Menschen an ihrer Seite finden. Das können sie selbst durch ihr überlastetes Personal nicht leisten.

Wer spricht die Hospizbewegung an?

* Das kann der Krankenhausarzt sein, der nach der Behandlung die beste Pflege für seinen Patienten sucht und ihn in allen Belangen gut aufgefangen sehen möchte.
* Der Hausarzt weiß, dass neben der Pflege noch Gesprächsbedarf besteht.
* Die Angehörigen suchen nach Unterstützung.
* Der Patient selbst sieht sich nach Hilfe um und findet Informationen zu den Hospizbewegungen.

Was wird dem Patienten und seinen Angehörigen angeboten?

Zunächst geht es einfach darum, zuzuhören, sich vorzutasten, zu empfinden und zu erspüren, was gerade jetzt wichtig für diesen Menschen ist. Er kann über seine Ängste sprechen, sein Leben erzählen; er hat ein Gegenüber, das für ihn da ist und Zeit hat. Die Patienten, die nicht mehr ansprechbar sind, werden begleitet durch Sitzwachen am Bett. Sie sind nicht allein, es ist jemand da, der sich ihnen zugehörig fühlt.

Gerade im häuslichen Bereich sind die Voraussetzungen für eine Begleitung höchst verschieden. Die Anfrage für eine Begleitung wird telefonisch in der Hospizbewegung gestellt. Die hauptamtliche Koordinatorin für den Einsatz der Ehrenamtlichen weiß, wer gerade keine Begleitung hat. Ganz wichtig ist auch, sich zu fragen, welcher Sterbebegleiter zu dieser Person passen könnte, bei der eine Begleitung stattfinden soll.

Die Koordinatorin ruft den Begleiter an und gibt die Eckdaten des Patienten durch. Wenn der Begleiter zustimmt, setzt er sich selbst mit dem Erkrankten oder der Familie in Verbindung.

Beim ersten Gespräch mit dem zu Begleitenden wird der Rahmen für die Begleitung festgelegt. Wie viel Zeit soll investiert werden? Was ist sinnvoll? Wie oft und wie lange können die Besuche sein?

Dabei sind die speziellen Gegebenheiten nicht immer unmittelbar zu erkennen. Oft ist gar nicht der Sterbende vorrangig bedürftig, sondern der Partner in seiner Überforderung, alleine die Pflege und den Alltag bewältigen zu müssen. Meist besteht gerade hier Gesprächsbedarf. Der Partner tut das ihm mögliche, steht mit seinen eigenen Problemen aber neben dem großen Geschehen rundherum. Alle notwendige Behandlung und Zuwendung gehen an den Patienten.

Die Begleiter versuchen dann, etwas Entlastung auch für den Partner zu bringen. Sie führen Gespräche, hören den Krankheitsverlauf aus der Sicht der Angehörigen, erfahren von ihren Sorgen. Die Begleiter bleiben am Krankenbett, wenn der Partner Besorgungen außer Haus machen muss, und hören die Geschichten, notfalls zigmal, die andere schon so oft gehört haben, dass sie nur noch abwinken. Sterbebegleiter sind neutral, kommen von außen, sind frei von alten Verstrickungen. Sie kennen die Altlasten der Familie nicht.

So endet der Bericht einer Frau über die Krankheit ihres Mannes und ihr gemeinsames Leben mit den Worten: „So einfach war der Mann ja auch nicht."

Diesen Satz würde sie kaum vor Familie und Freunden aussprechen. Es entlastet, das sagen zu können, was sonst zurückgehalten werden muss. Sehr schnell sind diese persönlichen Äußerungen möglich, manchmal schon beim ersten Kontakt am Telefon. Da spricht man über die Herausforderungen, Befürchtungen und Unsicherheiten, weil der Sterbebegleiter eine neutrale Rolle hat.

Die folgende Geschichte zeigt, wie falsch verstandene Rücksichtnahme zu Sprachlosigkeit führen kann und wie sie sich von selbst auflöst.

Ein Ehepaar konnte nicht mehr miteinander sprechen. Als ich bei ihnen saß, fungierte ich fast wie ein Katalysator. Der Mann erklärte mir seine Krankheit und die Schmerzen. Und dann: „Das kann ich meiner Frau nicht sagen. Sie hat ja so viel Arbeit mit mir."

Die Frau sagte: „Ich kann ihm nicht von meinen Alltagssorgen berichten. Er hat doch große Schmerzen."

Plötzlich war der Bann gebrochen. Sie hatten ihre Sorgen ausgesprochen und waren in der Lage, sich gegenseitig ihre Empfindungen mitzuteilen, wieder miteinander zu reden. Sie haben noch eine gute letzte Zeit miteinander verbringen können, sehr innig und vertraut.

Nachdem der Mann verstorben war, traf ich die Frau noch einmal. Sie war sehr beruhigt, weil sie auch über seine bevorstehende Trauerfeier und Bestattung gesprochen hatten. „Ich hätte nicht gedacht, dass er eine Urnenbestattung wünschte. Wir haben vorher nie ein Wort darüber verloren."

Manchmal sitze ich einfach nur bei dem Sterbenden, bin da, wenn der Partner etwas besorgen muss, einen Arzttermin wahrnimmt oder sogar etwas für sich selbst tut.

Ich freue mich, wenn z.b. die Ehefrau zum Friseur geht oder zur Gymnastik. Oder noch besser: sich mit der Freundin zum Kaffee trifft und wirklich etwas nur für sich selbst unternimmt, ohne ein schlechtes Gewissen zu haben. Denn ich bin da, passe auf den Kranken auf und habe alle wichtigen Telefonnummern von ihr erhalten.

3.7 Begleitungen und ihre Dauer

Jeder Krankheitsfall hat seine eigene Entwicklung. Ich sehe immer wieder den fortschreitenden Verlauf, Rollstuhl, Bettlägerigkeit und den Verfall des Körpers. Jeder Mensch reagiert anders, und ist geprägt von seinem Umfeld, seinen Lebensverhältnissen wie dem Kosmos der Familie. Am Ende steht oft die Frage: Wie gehen sie mit dem Tod um? Verleugnen sie ihn so lange wie möglich oder nehmen sie ihn an?

Wenn ich eine Begleitung beginne, muss ich selbst entscheiden, welche Art der Hilfe gefragt ist. Gemeinsam legen wir fest, für wen ich da bin, wie oft und wie lange ein Besuch gewünscht ist.

Ist der Patient schon in der Sterbephase, verläuft die Begleitung nur sehr kurz, aber manchmal gerade dadurch auch sehr intensiv. Vielleicht sind dann jeden Tag Besuche nötig, um Sitzwache am Bett zu halten und mit den Angehörigen zu sprechen.

Andere Begleitungen können viele Monate andauern. Die Krankheit ist noch nicht final, Spaziergänge sind möglich, Gespräche werden geführt. Eine vertrauensvolle Beziehung wird aufgebaut. Schreitet die Erkrankung weiter fort, kennen wir uns schon und vertrauen einander. Ich bin da.

Gleichzeitig wächst der Kontakt zu den Familienmitgliedern. Ich bekomme ein Bild von den Beziehungen und auch den Verwicklungen untereinander. Dabei darf ich mich nicht für alles zuständig fühlen und einmischen erst recht nicht.

Ein Besuch im Altenheim. Die alte Dame war schwach und sprach sachte. Sie sagte, ihr Sohn habe die feste Vorstellung, dass sie das Weihnachtsfest bei ihm und seiner Familie feiern solle. Er würde sie holen und es würde ihr gut gehen. Sie aber war geradezu verzweifelt: „Das erlebe ich nicht mehr. Es ist bald zu Ende. Und er will es nicht sehen."

Ich war kurz davor, den Sohn anzurufen. Aber darf ich mich da einmischen? Geht es mich etwas an? Die Dame ist immer noch in der Lage, es ihm selbst zu sagen.

Bei meinem nächsten Besuch war sie kurz vorher verstorben. Dass es so schnell gehen würde, konnte man nicht sehen. Nur sie selbst hatte es gespürt und uns damit die weihnachtliche Entscheidung abgenommen. Es war eine unerwartet kurze Begleitung.

Oft denke ich: Ich stehe am Rande und bin doch mittendrin. Ich erlebe, wie die Familienmitglieder zueinander stehen und wie sie miteinander umgehen. Schnell wird deutlich, wer das Sagen hat.

Die totkranke Großmutter beunruhigte ihre Familie sehr, indem sie sagte: „Wenn ihr mich nicht am Grab besucht, komme ich zurück und spuke in euren Wohnungen."

Alle waren daraufhin bemüht, schon jetzt ganz lieb zu ihr zu sein und ihr jeden Wunsch von den Lippen abzulesen. Es dauerte noch relativ lange, bis sie sterben konnte.

Eine Begleitung kann zeitlich auch sehr kurz sein, ein Besuch, vielleicht zwei. Manchmal weiß ich fast nichts über den Menschen, bin wirklich nur bei ihm.

Der Sterbende reagiert schon nicht mehr sichtbar. Meine Fragen bleiben ungefragt. Eine Antwort gäbe es nicht.

Was kann ich tun? Ich sitze bei ihm. Vielleicht brennt eine Duftkerze. Viele glauben, dass der Mensch bis zuletzt Gerüche wahrnehmen kann. Blumen, Kräuter, ein vertrautes Aroma? Ich könnte leise Musik spielen lassen? Ich könnte das Fenster öffnen, vielleicht wird ein leichter Wind eine Empfindung auslösen? Ich könnte beten?

Die Hospizbewegungen sind überkonfessionell angelegt. Das gibt mir die Freiheit, ein Gebet zu sprechen, wenn es mir am Herzen liegt. Ich möchte auf diesem Gebiet natürlich so gut es geht auf die Wünsche des Patienten eingehen. Aus der Krankenakte kenne ich seine Konfession. War es möglich, vorher schon darüber zu sprechen, dann sind die Einstellungen des Kranken und seine Wünsche bekannt und werden respektiert. Das hilft sehr bei der Entscheidung, ob z.B. ein Priester hinzugezogen werden soll.

Andere Begabungen sind auch noch gefordert. In der Hospizbewegung haben wir schon gependelt und Tarotkarten gelegt. Dem Kranken werden diese Wünsche erfüllt.

Es gibt Patienten, die während der Besuche schier überquellen und unbedingt über ihr Leben sprechen möchten.

Ein älterer Herr erzählte lebhaft seine Lebenserinnerungen; es war ein Füllhorn purer Geschichte und persönlicher Anekdoten. Ich freute mich auf diese Begegnungen und die Besuche bei ihm.

Als ich in der nächsten Woche wieder kam, erfuhr ich, dass er am Tag nach dem ersten Gespräch verstorben war.

Wollte er noch einmal alles weitergeben? Es sich von der Seele reden? Mit dem Leben abschließen?

Er ist ruhig verstorben. Meine Begleitung umfasste nur diesen einen Besuch.

Immer wieder entsteht eine wichtige Frage, wenn man Sterbende begleitet: Kann man als Mensch erfühlen oder wissen, wann der Tod eintreten wird? Gibt es untrügliche Hinweise, wenn das Ende bevorsteht? Beenden Körper und Geist in einer Harmonie gemeinsam das Leben? Kann das menschliche Leben selbst abgeschlossen werden, wenn die körperliche Erkrankung so weit fortgeschritten ist, dass der Geist das Ende erkennt?

3.8 Begleitung im Altenheim

Die Sterbegleiter werden auch in Altenheime gerufen. Dort steht zu wenig Personal zur Verfügung. Keiner der Angestellten kann längere Zeit bei einem Bewohner verbringen. Oder der Kranke hat keine Angehörigen, die ihm in dieser Phase beistehen könnten.

Das sind Situationen, in denen ein Mensch viel zu erzählen hat, ein langes Leben auffächern möchte. Vielleicht ist er besonders unruhig, ihn quält etwas und das Leben kann eigentlich nicht beendet werden. Da ist etwas noch nicht aufgearbeitet.

Dann sind wir da, versuchen, dem Sterbenden beizustehen, vor allem auch als Sitzwache bei denen, die nicht mehr ansprechbar sind.

Meine größte Sorge bei diesen Begleitungen ist, dass ich etwas übersehe; nicht den eigentlichen Grund meines Da-seins erkenne und den Menschen vor mir nicht verstehe in dem, was er mir mitteilen möchte. Oder dass mir die Worte fehlen.

Aber ich muss nicht immer sprechen. Ganz kostbar ist die Zeit, in der ich einfach nur bei ihm bin. Ich glaube fest daran, dass Menschen, die nicht mehr ansprechbar sind, merken, wenn sie nicht alleine sind. Auch sie können eine Art Kommunikation führen.

Ich legte vorsichtig meinen Handrücken an die Hand einer Frau, von der ich nicht dachte, dass sie mich bemerken und wahrnehmen könnte. Sie drehte ganz langsam ihre Hand und es ergab sich, dass wir uns somit an den Händen hielten. Lange Zeit saß ich so, bis sie selbst den Griff lockerte.

Eine sehr alte Dame hatte ich über eine längere Zeit regelmäßig besucht. Ich kannte ihre Familiengeschichte, die verschiedenen Erkrankungen, ihre Einstellung zu Himmel und Erde und allem, was dazwischen liegt.

Dann kamen die Tage, an denen sie nicht mehr sprechen konnte. Sie schlief fast nur noch. Ich saß bei ihr, habe versucht, leise ihre Lieblingslieder zu singen oder habe sie einfach gesummt. Ich habe die Gedichte vorgelesen, die sie so sehr mochte, und hoffe, dass ich ihr damit eine Freude bereiten konnte. Geäußert hat sie sich nicht mehr. Aber sie sah ruhig und zufrieden aus.

3.9 Sterben und Tod

In meinen Begleitungen erfahre ich sehr oft das Glück, einen ruhigen Tod zu erleben. Der Mensch scheint mit sich im Reinen, die Krankheit hat den Körper so sehr geschwächt, dass ein Ende tröstlich erscheint.

Der Tod kommt im Schlaf und es ist ein Hinübergleiten – wohin auch immer. Das Ziel, das Ende der Reise, ist nicht bekannt, niemand wird davon berichten können. Aber das Lächeln um den Mund eines Verstorbenen habe ich schon gesehen. Das gibt mir Hoffnung und Mut.

Als Sterbebegleiterin bin ich privilegiert, weil ich Menschen in ihrer letzten Zeit begleiten darf. Oft sehe ich neben Müdigkeit und Erschöpfung eine Zufriedenheit, einen inneren Frieden, wenn der Mensch seinen Tod akzeptieren und annehmen kann.

Doch ich habe auch Kämpfe erlebt. Der Körper kann nicht zur Ruhe kommen. Alle noch vorhandene Kraft wird aufgebracht, der Kranke wälzt sich von einer Seite zur anderen. Wenn es noch geht, wird geschimpft, verflucht und geklagt. Ich sehe es, fühle mich hilflos und beobachte es nur.

Einige Verweigerungen haben erklärbare Gründe. Wenn z.B. die Geburt eines Enkelkindes bevorsteht. Dies möchte der Patient noch miterleben.

In einem anderen Fall besteht kein Kontakt zum eigenen Kind mehr. Das möchte der Sterbende aber noch einmal sehen und wartet ungeduldig auf den Besuch.

3.10 Ablehnung

In einer Begleitung soll die Wellenlänge zwischen den Beteiligten stimmen. Für mich ist es immer ein kritischer Moment, wenn ich zum ersten Mal in eine Familie oder zu einem Bewohner im Altenheim komme.

Werde ich als Partner angenommen? Stimmt die zwischenmenschliche Beziehung? Wie sehen wir uns?

Kann ich mir die Begleitung bei diesem Schwerstkranken vorstellen oder habe ich Empfindungen, die dagegen sprechen? Und was empfindet mein Gegenüber?

Ein Erstbesuch ist jedes Mal eine spannende Situation. Was ist, wenn mich mein Gegenüber an einen Menschen aus meinem eigenen Leben erinnert, mit dem ich gar nicht zurechtgekommen bin? Wie wird dann die Begleitung verlaufen? Werde ich so nicht immer an die misslichen Situationen mit dieser Person erinnert?

Dann muss ich mich ehrlich entscheiden. Wenn ich nicht voll und ganz hinter der Begleitung stehe, kann ich kein guter Partner sein. Darüber muss gesprochen werden, die Gründe sollten ehrlich erwogen werden. Für einen anderen Sterbebegleiter werden die Besuche möglicherweise ganz unproblematisch sein.

Aber auch der Patient oder seine Familie dürfen mich als Begleiter ablehnen. Vielleicht geht es ihnen wie mir im oben beschriebenen Fall. Auch andere Erfahrungen oder Empfindungen sind denkbar.

Ein Altenheim hatte um die Unterstützung einer Bewohnerin gebeten. Es gab zwar eine Tochter, aber sie kam nicht ins Haus, um ihre Mutter zu besuchen. Die alte Dame, immer alleine, wünschte sich einen Gesprächspartner.

Ich machte einen Erstbesuch, über den sie sich sehr freute. Sie sprach sofort über ihre Erkrankung. Weiter kam sie nicht, denn ganz überraschend betrat die Tochter das Zimmer – aufgebracht und sehr energisch. Als sie an jenem Tag zufällig wieder einmal ins Haus gekommen war, erfuhr sie von den Pflegern, dass ihre Mutter Besuch hatte.

Leider hatte das Heim die Tochter nicht über den Kontakt zu der Sterbebegleiterin informiert. Die Tochter fühlte sich übergangen: es käme gar nicht in Frage, dass Fremde mit ihrer Mutter sprächen. Das könne sie selbst schon sehr gut.

Die Tochter warf mich regelrecht aus dem Zimmer. Sie verbot dem Heim, jemals wieder so eine Aktion zu starten.

Ähnliche Gründe für Ablehnungen treten natürlich auch im häuslichen Bereich auf.

Wie reagiert der Partner, wenn ich ein Paar besuche? Häufig sind beide durch die Krankheitssituation belastet. Wer von beiden braucht eine Unterstützung durch mich – in Gesprächen, durch Zuhören, Wachen am Bett des Erkrankten, nur Da-sein? Und wie sieht und erlebt das der andere? Hier kann Eifersucht entstehen.

Ein Partner ist erkrankt, er hat Schmerzen und häufige Zukunftsängste.

Der andere muss den Alltag bewältigen, sieht aber auch den Verlauf der Krankheit. Auch hier gibt es Ängste.

Wer braucht die Begleitung? Kann ich beiden gerecht werden? Können sie es auszuhalten, wenn ich einem von ihnen mehr von meiner Zeit widme?

Wenn ich in der allerletzten Lebenszeit bei einem Menschen bin, kann eine Art Gemeinschaft entstehen, die dieser Mensch niemals in seinem engsten Lebensumfeld zugelassen hat.

Als neutrale Person bin ich unbelastet vom Alltagsgeschehen und von der Vergangenheit. Es fließt ein neuer Geistesimpuls zwischen uns und daraus kann sich Vertrauen entwickeln.

Ein Mensch, der sonst im Leben und Alltag sehr mit dem Erkrankten verbunden ist, fühlt sich so schnell ausgeschlossen. Beide Partner müssen stark sein, um das auszuhalten.

Das normale Leben verlief anders, in gewohnten Bahnen. Jetzt haben sich durch Krankheit und Sterben die Prioritäten verschoben, bis ich als Begleiterin in der letzten Phase noch dazugekommen bin. Wenige Male wurde die Sterbebegleitung ganz abgesagt und außer den Pflegenden wurde sonst niemand mehr zugelassen.

Als Sterbebegleiterin darf ich nie vergessen, dass ich zu Professionalität verpflichtet bin. Ich darf Anregungen geben, Hilfe anbieten und unterstützen, aber ich darf mir keine Problemlösungen anmaßen.

Doch bei manchen Begleitungen kann einfach kein gemeinsamer Nenner gefunden werden.

Die Tochter pflegte ihre Mutter zu Hause. Ich konnte sehen, dass sie mit der Situation überfordert war. Aber sie ließ nicht zu, dass ihr eine Pflegestation von außen Unterstützung und Entlastung brachte. Alles sollte im heimischen Bereich nur zwischen den beiden ablaufen. Sie wären ein gut eingespieltes Team.

Meine Besuche lehnte sie nach kurzer Zeit ab. Sie hatte Angst, ich könnte sie beobachten und die Behörden unterrichten, dass sie mit der Mutter nicht gut umginge. Aber sie stimmte zu, dass ein anderer

Sterbebegleiter zu ihnen kam. Als sich der Hospizverein ganz aus der Familie zurückzog, waren insgesamt vier Begleiter bei ihr gewesen. Und jeden lehnte die Tochter nach und nach ab.

Zu einer Palliativpflege gehört ein größeres Team von Ärzten und Pflegekräften mit ihrer Zuwendung für Körper, Geist und Seele, eventuell auch mit Besuchen mehrerer Fachkräfte.

Außerdem kommen die Familie und Freunde, um ihre Verbundenheit mit dem Patienten zum Ausdruck zu bringen. Alle meinen es gut mit dem Sterbenden, wollen bei ihm sein, ihm helfen und ihre Zuneigung zeigen.

Eine Dame sagte mir einmal: „Seien Sie mir nicht böse, aber hier geben sich die Leute die Klinke in die Hand und jetzt kommen Sie auch noch. Das ist lieb gemeint, wird mir aber zu viel."

Ich war sehr froh, dass sie das so ehrlich äußern konnte. Sie hat ihr Bedürfnis erkannt und durchgesetzt. Es waren wirklich zu viele Menschen um sie herum und sie wollte eigentlich nur ihre Ruhe haben. Über diese Ablehnung war ich ihr ganz sicher nicht böse.

3.11 Empfindungen

Auch bei längerer Übung und einer gewissen Gewohnheit bei den Begleitungen bleiben immer wieder die gleichen Fragen: Welche Bedürfnisse gibt es? Was ist meine Aufgabe? Wen habe ich zu begleiten?

Jeder Erstbesuch fordert Respekt vor der neuen Aufgabe. Da sind nur wenige Informationen, die ich in einem Telefonat von der Geschäftsstelle erhalten habe. Wenn ich dann in der Familie bin oder den Erkrankten im Altenheim besuche, stellt sich im einfachsten

Fall schnell eine Struktur ein. Wie oft und wie lange dauert ein Besuch? Was ist gerade wichtig?

Doch es gibt auch vielfach komplexere Verhältnisse: Wer braucht die Aufmerksamkeit? Wer zieht sich zurück? Und wo stehe ich in diesem Gefüge?

Ich möchte meine Aufgabe gut erfüllen. Aber ich darf mich nicht selbst zu wichtig nehmen. Ich begleite, aber ich lenke nicht.

Gerade deshalb sollte ich mich auch selbst bei meinen Besuchen beobachten. Stülpe ich dem Betreuten meine Empfindungen über? Halte ich eine angemessene Distanz zu ihm? Rücke ich zu nahe an ihn heran?

Es gibt große Nähe. Da weinen wir, halten uns an den Händen oder im Arm.

Bei lang andauernden Begleitungen verwischen die Grenzen. Dann entsteht eine eigene Vertrautheit. Unsere Ausbildung verpflichtet uns zu einer notwendig professionellen Distanz. Aber Gespräche über die intimsten Dinge, die einem Menschen widerfahren können, das Sterben und den Tod, lassen es zu, dass wir uns distanzlos verbunden fühlen können.

Gerade wenn die Beziehung so eng geworden ist, gibt es Momente, in denen ich selbst zur Ruhe komme. Ich passe mich dem Rhythmus des Sterbenden an. Ich bin bei ihm – und gleichzeitig frei in meinen Empfindungen.

Dann gibt es Tage, wo Zweifel und Fragen auftauchen: Was habe ich übersehen? Welche Bedürfnisse oder welchen Zusammenhang habe ich unbeachtet gelassen? Wo fehlten mir die Worte?

Nachher kann ich es nicht mehr verändern. Dann war es einfach so. Vielleicht sollte es so sein.

In einer Fortbildung stand ein Sterbebegleiter auf und sagte:

Ich bin Handwerker und habe nicht alles verstanden, was Sie als Psychologe da erklärt haben. Aber ich glaube, ich habe es selbst erfahren. Eine meiner ersten Begleitungen war bei einem Herrn, der mir eine Stunde lang etwas erzählt hat. Ich habe dabei eine Stunde lang überlegt, was ich ihm antworten könnte. Und dann fasste er meine Hände ganz fest und bedankte sich für dieses wertvolle klärende Gespräch. Ich glaube, ich musste einfach nur bei ihm sein und ihm zuhören.

3.12 Schwierige Begleitungen

Eine Begleitung zu übernehmen, wenn der Patient entstellt ist, wenn es unangenehm riecht oder ich mich ausgenutzt fühle, ist schwer für mich.

Einige Krankheiten verlaufen so, dass sie sichtbar wahrgenommen werden, z.B. wenn das Gesicht operiert werden muss. Das ist für den Besucher schwer zu ertragen.

Ich hatte mich zusammenreißen müssen und schaute doch an dem Patienten vorbei. Er bemerkte es und sprach mich an. Das war eine große Hilfe. Wir sprachen über seine Erkrankung, seine Wünsche und meine Empfindungen. Ich versuchte, herauszufinden, was er sich wünschte, wie er behandelt werden wollte. Es war schwierig, ihn zu verstehen. Aber es wurde doch eine – ich glaube für beide – gute Zeit, die wir miteinander verbrachten.

Trotzdem bin ich manchmal in diesen Situationen überfordert. Wenn ich eine Begleitung wieder abgeben muss, weil ich es selbst nicht verkrafte, tut es mir leid. Jeder ehrenamtliche Begleiter muss auf sich achtgeben und sich vor Überforderung schützen.

Noch schwieriger fällt es mir, mit Gerüchen umzugehen. Dass es nach menschlichen Ausscheidungen riecht, wenn ich ein Krankenzimmer betrete, ist normal und macht mir nichts aus. Kranke mit offenen Wunden, verfaultem Fleisch, aufgesprungenen Tumoren: Das erfordert von mir viel Disziplin.

Aber wie geht es wohl dem Menschen, der diesen Geruch verursacht? Wie fühlt er sich? Was denkt er? Kann er sich selbst noch aushalten? Davon laufen kann er nicht. Ich brauche es nur zu riechen, aber er hat die Erkrankung, die Schmerzen noch dazu.

Solche Gedanken machen mir zu schaffen und ich fühle mich schlecht, wenn ich diese Besuche nicht weiterführen kann. Aber in den Fortbildungen wird uns gesagt: Wenn ich selbst keine Kraft habe, kann ich auch keine Kraft weitergeben.

Die Gerüche habe ich tagelang in der Nase, obwohl ich danach viele andere wahrnehme.

Und die Pflegenden? Sie riechen die körperliche Auflösung nicht nur, sondern müssen den Körper waschen, eincremen, verbinden. Das kann ich nur bewundern und habe viel Respekt vor ihrem Beruf.

Ich bin ehrenamtlich da, kann eine Begleitung ablehnen oder abgeben. Sie müssen bleiben, können sich nicht einfach zurückziehen.

Für mich gibt es noch eine andere Grenze bei den Begleitungen und zwar, wenn ich mich ausgenutzt fühle.

Ehrenamtliche neigen dazu, selbstlos zu helfen. Der Wunsch, Gutes zu tun, führt manchmal in eine Überforderung.

Bei meinen Begleitungen besteht immer wieder die Gefahr, dass eine Familie oder ein Altenheim Forderungen stellen, die ich sorgfältig prüfen muss. Sie möchten gerne über jemanden verfügen, der jeden Tag stundenlang neben dem Erkrankten sitzen kann.

Ein Angehöriger, der sich in der Betreuung seines Verwandten überfordert fühlt und dem eine Begleitung zur Seite steht, kann fordernd werden. Dann muss man als Sterbebegleiter darüber sprechen und Zeiten einteilen.

Wenn die Angehörigen ein Ehrenamt ansprechen, weil alle anderen Institutionen für einen Besuch Geld verlangen würden, muss man auch das miteinander klären.

Das folgende Beispiel ist ein authentisches Erlebnis:

Eine alte Dame lag sterbend im Altenheim. Mein Auftrag war, ein Gespräch mit der Tochter zu führen, die mit der Situation nicht umgehen konnte. Leider hatte ich versäumt, ein Zeitlimit für die Unterhaltung zu setzen.

Erst sprachen wir über die Probleme mit der Mutter, die nun nicht mehr gelöst werden konnten. Das erweiterte sich zur Familiengeschichte. Dann sprach die Tochter über ihre eigene Familie, den schwierigen Mann, die polizeilich bekannten und auffälligen Kinder.

Mehrfach versuchte ich, das Gespräch zu beenden. Aber gerade dann machte sie die nächste Büchse der Pandora auf. „Aber das resultiert aus meiner Vergewaltigung. Das müssen Sie wissen ...“

Nach vier Stunden trennten wir uns. Mir ging es nicht gut, ich hatte mich der Tochter ausgeliefert und war nur noch eine leere Hülle, hatte mich buchstäblich aussaugen lassen.

Wir Hospizhelfer lernen, mit den verschiedensten Situationen umzugehen. Trotzdem entstehen immer neue Konstellationen, die wir bewältigen müssen. Das Gespräch mit der Tochter (s.o.) war eine lehrreiche Erfahrung für mich und hat mir gezeigt, wie man es nicht machen sollte.

Seitdem beherzige ich, dass am Anfang des Gesprächs Ort und Zeit genannt werden. Das Gegenüber kennt dann die Begrenzungen und auch ihm hilft es zu wissen, wie viel Zeit zur Verfügung steht, um sein Problem kompakt zu beschreiben. Dann kann er die Prioritäten ordnen und verdichtet darstellen.

3.13 Können wir Hilfe annehmen?

Als Baby liegen wir in Windeln, benehmen uns nicht sehr knigge-mäßig. Das ist süß und niedlich, alle sind begeistert beim Bäuerchen und in-die-Windel-pressen. So beginnt das Leben.

Für die meisten von uns endet es ähnlich. Ein Leben voller Begegnungen und Energie steht dazwischen. Wir waren fröhlich und traurig; waren fleißig, haben aufgebaut, Familien gegründet und Kinder auf den Weg gebracht. Forscher konnten forschen und Erfinder erfinden. Wir haben die Welt bereichert, umgekrempelt und ihr unseren Stempel aufgedrückt.

Vielleicht ist sogar etwas von uns zurückgeblieben, ist noch etwas von uns zu sehen, wenn wir nicht mehr da sind.

Und dann schließt sich der Bogen und es endet so, wie es einmal begonnen hat. Das können wir nicht ertragen. Wir sind doch wer!

Die größte Sorge ist für viele Menschen, das eigene Leben nicht mehr selbst bewältigen zu können. Mir geht es genauso.

Wie wird das sein, wenn der normale Alltagsablauf zu aufwändig wird, weil die Kräfte schwinden? Werde ich dann in der Lage sein und um Hilfe bitten? Ich habe immer alles selbst entschieden, lasse mir ungern reinreden.

Nur bleibt uns nichts anderes übrig, wenn wir krankheits- und schwächebedingt das eigene Leben nicht mehr selbst steuern können.

Hilfen sind vielfältig vorhanden. Wir müssen uns darauf einstellen oder einlassen. Das bedeutet, uns den Helfern, Pflegern und Begleitern anzuvertrauen.

Vielen fällt es schon schwer, im Alltag um Hilfe zu bitten. Und es kann noch schlimmer werden. Andere müssen sich dann um uns kümmern, für uns entscheiden, unser Geld verwalten, für unsere Pflege sorgen. Uns wird Nahrung verabreicht, die intimsten Verrichtungen müssen mit anderen vorgenommen werden. Das geht nicht. Das alles wollen wir nicht.

Aber immer wieder habe ich erlebt, dass gerade in diesen ausweglosen Situationen beglückende Momente entstehen. Kleine Dinge, die wir beachten und die uns plötzlich ermuntern. Der Schatz all' unserer Erinnerungen an vergangene schöne Begegnungen und fröhliche Begebenheiten sitzt tief in uns. Darauf können wir immer zurückgreifen.

Am Ende wird das Leben kleiner.

Ich traf zwei alte Herren, die gemeinsam ein Heimzimmer bewohnten. Lange Zeit waren sie interessiert an der Tagesschau, sie sahen Fußballspiele und zur Olympiade wurde der Fernseher gar nicht ausgeschaltet. Sie waren noch am Leben interessiert und wir sprachen darüber.

Dann änderte sich die Einstellung für beide Herren fast gleichzeitig. Sie hatten keine Lust mehr an dem Draußen, Mord und Totschlag, Siegen und Verlieren. Es hatte keine Bedeutung mehr. Der Fernseher blieb aus. Sie reduzierten sich auf sich selbst. Kehrten sich ins Innere. Und das war in diesem Augenblick gut für sie beide. Sie waren noch beieinander, aber jeder in seiner Welt. Sie zogen sich immer mehr in sich zurück. Sie ließen die Pflege zu, es tat ihnen gut und es musste gemacht werden.

Beide starben innerhalb einer Woche. Das Leben hatte sich doppelt vollendet.

3.14 Angst und Trost

Wir haben Angst. Alle. Ich auch. Ich weiß auch nicht, wie das Ende bei mir sein wird.

Als Sterbebegleiterin durfte ich im Laufe der Jahre mit vielen Sterbenden die Zeit bis zu ihrem Tod erleben. Sterben ist etwas Alltägliches. Es gab berührende und fröhliche Momente, merkwürdige Wünsche und natürlich auch Tränen und Kummer.

So verschieden die Menschen sind, so individuell sind sie auch bei Krankheit und Tod.

Meine Beobachtung ist, dass viele Menschen getrost und geduldig bis zum Ende aushalten. Sie lassen sich in die Hände von anderen fallen und wissen sich dadurch getragen. Menschen, die mit sich im Reinen sind und ihr Leben rückblickend als abgerundet betrachten, fällt dies leichter.

Sterbende berichten, dass sie die Zeit als kostbar empfinden. Den teilweise äußerst beschwerlichen Weg bis zum Ende zu gehen, gehört als bewusst erlebtes Ende dazu. Erst dann sahen sie ihren ganzen Lebensverlauf als gelebt an.

Aber ich erlebte auch Schwerstkranke, die um ein bisschen mehr Leben gerungen, einen kleinen Aufschub erbeten haben. Sie haderten noch immer mit ihrem Schicksal, stemmten sich dagegen und kämpften bis zum Schluss. Es kommt vor, dass solche Menschen schreien, toben und kämpfen, um mit aller verbliebenen Macht jetzt noch etwas zu ändern.

Es stirbt sich schwer, wenn das Endgültige nicht akzeptiert werden kann. Egal, was unausgesprochen bleibt, welche Lebensfäden noch lose baumeln, mit wem man noch hadert, es ist zu Ende. Doch es bleibt dann ohne Abschluss.

Ich habe Menschen getroffen, die ihren Tod schon angenommen hatten. Ruhig sahen sie ihn kommen und konnten ihn sogar willkommen heißen. Ich war bei ihnen und durfte erleben, wie das Leben immer weniger wurde und letztendlich verging. Wie ausgeglichen, gelassen und unaufgeregt es tatsächlich ausgehaucht wurde. Und sie gaben mir dabei Kraft.

3.15 Fallbeispiele

a) Wohnungsauflösung

Eine meiner ersten Begleitungen entwickelte sich so, wie ich es in der Ausbildung nicht gelernt hatte.

Das stationäre Hospiz rief mich an. Eine Dame sei gerade aus dem Krankenhaus entlassen und zu ihnen verlegt worden. Sie habe nur ihren Krankenhauskoffer dabei und möchte noch einige Sachen aus ihrer Wohnung holen. Ob ich sie dabei begleiten könnte?

Auf dem Weg dorthin lachten und scherzten wir; wir hatten sofort einen guten Zugang zueinander. Sie sprach von sich als „Ulknudel".

Wir kamen in eine 3-Zimmer-Wohnung, vollgestellt mit Möbeln. Im Schlafzimmer standen zwei Kleiderschränke, reich gefüllt. Die Dame zog Zettelchen aus der Tasche, auf denen die Dinge vermerkt waren, die sie mitnehmen wollte. Jetzt wählten wir aus, was sie für den Rest ihres Lebens noch brauchen würde.

„Und wenn ich im Frühjahr noch lebe? Dann habe ich nichts mehr anzuziehen."

Es hat mich sehr berührt, was wir hier taten, und ich fühlte mich überfordert. Sie nahm Pullover heraus, wägte ab. Eigentlich brauchte sie nur einige besonders schöne Stücke mitzunehmen Sie würde sie niemals mehr auftragen können. Plötzlich hielt sie einen weißen langen Strickmantel aus der Hippiezeit vor sich: „Den liebe ich, den habe ich getragen, als ich noch jung war. Aber ich kann ihn doch nicht mitnehmen."

Ich sagte ihr, doch, genau das solle sie tun. „Stellen Sie sich vor, Sie liegen ganz lasziv auf Ihrem Bett, und der Winter kann ruhig draußen toben. Sie haben es kuschelig warm."

„Sie verstehen mich", sagte sie weinend und fiel mir um den Hals.
„Kann ich wohl den kleinen Teppich mitnehmen? Was wird das
Putzpersonal dazu sagen? Dann haben sie doch mehr Arbeit, wenn
sie den immer hochheben müssen?"

Wir fuhren mit einem randvoll gepackten Auto zurück ins Hospiz.
Sie saß neben mir und sang leise vor sich hin. So viel mehr als auf
den Zetteln stand, hatten wir mitgenommen.

Ich war völlig fertig. Wir hatten gerade den ersten Schritt einer
Wohnungsauflösung hinter uns. Sie würde nie mehr dorthin zurückkehren. Ich befand mich in einer außergewöhnlichen Gefühls-
lage. Diese Fülle und das Nebeneinander von Freude und Trauer,
Leichtigkeit und Trostlosigkeit, das hatte ich im Ausbildungskurs
nicht gelernt.

Ihre schönen Sachen hat sie kaum tragen können. Die Jeans waren
viel zu hart und eng, sie brauchte weiche Leggings oder Gymnastik-
hosen. Die Erkrankung schritt voran und ihr war die ganze Zeit
kalt. So lag sie meist im Bett, drei Fleecejacken übereinander gezo-
gen und die Kapuze hielt den Kopf warm. Am Ende trug sie immer
eine Wollmütze.

Was mich sehr berührt hat, war ihr Make-up. Sie hatte sich die Au-
genbrauen dunkelbraun färben lassen, als breite Striche über den
Augen, und der Mund war rot. Bis zuletzt stachen diese Farben aus
dem immer zarter werdenden Gesicht heraus.

b) Blutgruppe

Im Altenheim besuchte ich einen Herrn, der nicht mehr ansprechbar war. Er schlief die meiste Zeit, bewegte sich ab und zu, drehte
sich von einer Seite zur anderen. Von der Station hatte ich nur we-

nige Angaben zu ihm und seinem Leben erhalten. Ich saß an seinem Bett. Als er den Arm hob und der Ärmel des T-Shirts hochrutschte, sah ich eine Tätowierung an der Innenseite seines Oberarmes: AB.

War das seine Blutgruppe? Ich wusste, dass dies bei Angehörigen der SS üblich gewesen war. Bei Beschuss wird meistens der innere Oberarm nicht getroffen und durch die Blutgruppentätowierung konnte man dem Verwundeten schneller helfen.

Was sollte ich machen?

Meine erste Reaktion war: Ich gehe, ich möchte mit dem nichts zu tun haben, der braucht meine Hilfe nicht.

Aber ich war da, um bei einem Sterbenden zu sitzen, nicht um über ihn zu richten. War er überhaupt ein SS Mann? Und wenn ja, warum war er da eingetreten? Welches Leben hatte er seitdem geführt? Es ging mich nichts an! Ich sollte jetzt für ihn da sein, alles andere zählte nicht. Mit diesen Gedanken konnte ich mich wieder beruhigen, während ich bei ihm saß.

Aber hat er meine Gefühle bemerkt? Spürte er meine Befangenheit? Ich glaube, für den Moment war es nicht wichtig, etwas zu wissen oder zu vermuten. Nur eins zählte: Ich war bei ihm in der letzten Lebenszeit. Alles andere war bedeutungslos.

c) Eine falsche Entscheidung?

Ich besuchte eine ältere Dame, die zwar alleine lebte, aber deren Töchter in der Nähe wohnten und immer mal nach ihr schauten. Die Krankheit war weit fort geschritten, sie konnte gerade noch ins Badezimmer gehen, lag sonst aber meist im Bett.

Die Mutter hatte ihren Töchtern das Versprechen abgenommen, sie niemals in ein Krankenhaus zu geben, denn sie wollte zuhause sterben. Ich führte Gespräche mit der Erkrankten und den Familienangehörigen. Alle sprachen offen aus, was sie berührte und ängstigte. Dabei hörte ich heraus, dass die Mutter sehr stark sei, das „Sagen hatte", die Familie fest im Griff hielt.

Eines Tages war eine Tochter in der Wohnung und saugte im Wohnzimmer den Teppich. Die Mutter fiel aus dem Bett und war bewusstlos. Ob sie aufstehen oder sich umdrehen wollte, wurde nicht geklärt. Die Tochter fand sie und wusste nicht, was sie tun sollte. Einen Notarzt durfte sie nicht rufen, denn der würde die Kranke ins Krankenhaus schicken. Und das hatten sie ihrer Mutter versprochen, dass sie dort nicht eingeliefert werden würde.

Die Tochter telefonierte mit der Familie. Alle kamen und standen ratlos um das Bett herum. Am Abend entschlossen sie sich endlich, den Arzt zu rufen. Die Mutter wurde ins Krankenhaus eingeliefert und verstarb zwei Tage später an einer Hirnblutung.

Eine Woche später rief mich eine der Töchter an. Ihre Schwester machte sich Vorwürfe und käme gar nicht mit dem Tod der Mutter klar. Was hätte sie anders machen sollen?

Ich traf mich mit ihr in einem Café und sie erzählte noch einmal die Geschichte. Hätte sie sofort einen Arzt rufen sollen, eine andere Entscheidung treffen? Über den Kopf der Mutter hinweg? Diese hatte das doch streng verboten.

Wir gingen den Tagesablauf durch. Dann fragte ich sie: „Wie, glauben Sie, wäre es mit Ihrer Mutter weitergegangen? Wie wäre die Erkrankung verlaufen?"

Die Tochter dachte lange nach und wurde dann ganz ruhig. Sie antwortete: „Irgendwann in nächster Zukunft hätte sie eine Windel gebraucht, wir hätten ihr Nahrung reichen müssen. Sie wäre nicht mehr in der Lage gewesen, selbst ihr Leben zu bestimmen. Es wäre nicht mehr ihr Leben gewesen. Sie war doch so eine starke Frau, die ihre Prinzipien hatte! War es der richtige Zeitpunkt, dass sie aus dem Bett gefallen ist, und deshalb der Tod so plötzlich eingetreten ist?"

Vielleicht war es das. Wer weiß schon, wann das Leben beendet sein wird? Dieser Gedanke jedenfalls beruhigte die Tochter sehr.

d) Wollen wir das?

Fast ein Jahr lang begleitete ich eine Dame in meinem Alter und in einer ganz ähnlichen familiären Situation. Ihre zwei Kinder studierten in anderen Städten und ihr Mann war den ganzen Tag beruflich gefordert.

Sie wünschte sich, mit einem Menschen ohne Scheu über das Tabuthema Sterben, die Angst, die Schmerzen sprechen zu können. Wenn sie versuchte, mit ihrer Familie über ihre Ängste zu reden, wurde sie abgewinkt: „Darüber spricht man nicht."

Wir konnten uns über alles austauschen und wurden Freundinnen.

Die Dame saß auf dem Sofa im Wohnzimmer, gehalten von Kissen und in warme Decken gehüllt. Sie war nur noch Haut und Knochen, konnte sich mühsam aufrecht halten, wollte aber auf keinen Fall im Bett liegen. Das sähe wie die finale Phase aus.

Bei meinen wöchentlichen Besuchen begrüßte sie mich mit: „Haben Sie gestern „Frontal" gesehen?" Sie war noch voll im Leben, nahm Anteil an Politik und gesellschaftlichen Ereignissen.

Mit mir konnte sie auch über ihre Ängste und Nöte sprechen. Nicht der Tod war beängstigend, sondern die Ungewissheit. Sie fühlte sich schwach. Dazu kam die Angst, das könne alles noch schlimmer werden. Natürlich konnte ich sie nicht beruhigen. Aber wir haben offen darüber sprechen können und gemeinsam gegen die Ängste angearbeitet.

Eines Tages sagte sie: „Die Ärztin hat gesagt, ich brauche jetzt nicht mehr in die Schweiz zu fahren."

Die Gedanken an eine Sterbehilfe hatte sie bei mir vorher nie angesprochen. Jetzt waren die letzten Tage gekommen und ihr Leben nahm ihr die Entscheidung ab. Ich durfte mich neben sie setzen und wir hielten uns an der Hand.

„Was erwarten Sie danach? Den hellen Tunnel?"

„Ach nein, da ist nichts, alles schwarz."

„Man spricht doch immer von der friedlichen Atmosphäre, die Blumenwiese … Und dass wir alle Menschen wiedersehen werden, die vor uns gegangen sind."

Da schaute sie mich an und fragte: „Wollen wir das?"

Wir haben so gelacht! Und geweint! Und uns im Arm gehalten. Es war ein inniger Augenblick und wir waren uns sehr nahe.

Als sie nicht mehr aufstehen konnte, kam der Sohn. Er saß an ihrem Bett. Ich war auch da. Wir wechselten uns ab, waren bei ihr.

Zu ihrer Trauerfeier und Urnenbeisetzung wurde ich eingeladen. Dort habe ich statt einer Handvoll Erde drei Kastanien neben die Urne gelegt. Ich hatte ihr während der letzten Gespräche versprochen, die ersten reifen Kastanien mitzubringen. Das hat sie leider nicht mehr erlebt.

Nun stelle ich mir vor, wie auf diesem neuen, noch kahlen Friedhofsabschnitt eine schöne Kastanie wächst. Es wird nicht so sein, aber man darf ja auch mal träumen.

e) *Sitzwache*

Ein Altenheim wünschte für eine seiner Bewohnerinnen eine Begleitung in der letzten Lebensphase. Die Dame habe keine Angehörigen und den Mitarbeitern in der Einrichtung fehle die Zeit, länger an ihrem Bett zu sitzen.

Bevor ich in das Zimmer ging, bekam ich von den Pflegern der Station einige Informationen. Die Bewohnerin besaß noch ihre Wohnung, sie war erst seit einer kurzen Zeit im Altenheim. Es ging ihr körperlich nicht gut, eine schwere Erkrankung war weit fortgeschritten. Aber noch konnte sie mit dem Rollator gehen und am täglichen Leben im Haus teilnehmen.

Eines Tages wünschte sie, dass jemand aus der Wohnung die Pelzmäntel holen möchte, ihre kostbaren Puppen und die Fotoalben. Sie kuschelte sich in die Pelze, setzte die Puppen um sich herum und blätterte in den Alben. Danach sollten die Mäntel in den Schrank geräumt und die Alben weggelegt werden. Die Dame ging zu Bett und war am nächsten Tag nicht mehr ansprechbar.

Ich setzte mich zu ihr. Sie lag ruhig auf dem Rücken, atmete gleichmäßig und tief. Irgendwann berührte ich mit dem Handrücken ihren Arm. Sie schob ihn etwas von mir weg. Ein Reflex? Wollte sie keinen Kontakt? Das respektierte ich.

Nach einiger Zeit nahm ich die Fotoalben und blätterte darin. Ich erzählte ihr, was ich glaubte zu sehen. Es kam keine Reaktion. War es recht, dass ich da in ihren Erinnerungen blätterte?

Eine Pflegerin kam, sie müsse die Bewohnerin pflegen, waschen, ein neues Nachthemd anziehen. Wir beschlossen, ihr diese Strapaze zu ersparen, nur öfter den Mund mit Wattestäbchen anzufeuchten.

Nach vier Stunden ging ich nach Hause. Wir waren uns sicher, dass der Tod in dieser Nacht nicht eintreten würde. Es gab keine Anzeichen.

Als ich anderthalb Stunden zu Hause gewesen war, kam der Anruf. Ein Pfleger, der regelmäßig nach ihr gesehen hatte, konnte keinen Atem mehr hören. Still war sie aus dem Leben gegangen.

Ich bin dem Haus sehr dankbar, dass sie um eine Sitzwache gebeten hatten und sie mich nach dem Tod der Bewohnerin benachrichtigt haben. Ich glaube, dass die Dame merkte, dass man sie schätzte und jemand bei ihr war.

Aber sie hat uns gezeigt: den letzten Weg geht man wirklich alleine.

f) Wechselbad der Gefühle

Die Begleitung einer relativ jungen Frau im Altenheim gestaltete sich schwierig für mich. Zwar war sie einverstanden, dass ich sie besuchte, aber sie blieb kritisch und zeigte ihre Stacheln. Ich schob den Rollstuhl nicht richtig oder saß so, dass ich ihr die Sicht zum Fenster nahm. Sie war stets unzufrieden, schimpfte und kam gar nicht mit ihrer Situation zurecht.

Nach einiger Zeit veränderte sich das Krankheitsbild, Metastasen hatten den ganzen Körper befallen. Die Frau wurde schwächer und lag nur noch. Durch das lange Sitzen im Rollstuhl hatten sich die Sehnen schon verkürzt und sie konnte ihre Knie nicht mehr strecken, auch wenn sie im Bett lag. Hilfe nahm sie jetzt williger an und sie sprach über ihr Befinden, auch wenn das Sprechen ihr schwerfiel.

Mit jedem Tag nahmen ihre Kräfte ab; sie wurde ruhiger und ich hatte das Gefühl, dass sie ihr Schicksal nun vielleicht doch annahm.

Eines Morgens betrat ich ihr Zimmer und war sehr erstaunt. Sie lag auf dem Rücken, lang ausgestreckt, und blickte mich an. Erst Augenblicke später registrierte ich – sie war verstorben. Es klingt vielleicht verstörend, aber ich habe mich gefreut für sie. Völlig entkrampft, ganz losgelöst, lag sie vor mir. Sie hatte alles hinter sich, die Schmerzen und die Hilflosigkeit. Nun war sie sorglos sie selbst.

Der Pfleger kam und wir öffneten das Fenster. Fliegt die Seele wirklich davon? Ich habe eine Stunde bei ihr gesessen. Es war eine friedliche, dichte Atmosphäre im Raum. War ihre Seele noch da? Ich fühlte mich verbunden mit ihr, hielt Zwiesprache und saß einfach nur bei ihr.

g) Die Angst des Enkels

Ich besuchte eine Dame, die vom Ehemann und der Palliativpflege zuhause gut betreut wurde. Ab und zu kamen die Kinder mit Familie zu Besuch und es gab ein lebhaftes Miteinander. Was sollte ich hier? Das zeigte sich erst ganz am Ende der Begleitung.

Als die Erkrankung so weit fortgeschritten war, dass die Patientin rund um die Uhr Hilfe in Anspruch nehmen musste, zog sie in das stationäre Hospiz um.

Eines Tages traf ich den Enkel, der seine Großmutter sehr liebte, an ihrem Bett an. Sie hatte ihn in schweren Lebensphasen gestützt und in seinen Ideen gefördert. Er war verzweifelt, weil er zu seiner Arbeit zurückkehren musste und sehen konnte, dass es nicht mehr lange dauern würde bis zu ihrem Tod. Der junge Mann quälte sich sehr.

Damit er die kurze Zeit mit seiner Großmutter alleine verbringen konnte, verabschiedete ich mich. Ich war schon fast aus der Tür heraus, als ich ihm sagte, dass sie vielleicht gar nicht sterben könne, solange er bei ihr säße. Sie könne ihn nicht einfach verlassen.

Als die Großmutter verstorben war, bekam ich eine Einladung zur Trauerfeier. Auf dem Friedhof traf ich den jungen Mann. Er freute sich und sagte: „Sie haben mir das Leben gerettet."

Er war noch auf der Autobahn, als seine Großmutter verstarb. Wenn ich diesen einen Satz nicht gesagt hätte, wäre er daran zugrunde gegangen. So aber hatte er die Gewissheit, es wohl doch richtig gemacht zu haben.

Vielleicht war dieser eine Satz der Sinn meiner Begleitung und meine Besuche waren gar nicht für die Erkrankte bestimmt, sondern für den Enkel.

h) Kein Zutritt für Männer

In Altenheimen gibt es Zimmer, vor denen ein Schild hängt „Kein Zutritt für Männer". In diesen Zimmern wohnen Frauen, die weinen, schreien und um sich schlagen oder in eine Ecke des Bettes kriechen und wimmern, sobald ein Mann den Raum betritt.

Das ist die Kriegsgeneration. Es sind die Frauen, die auf der Flucht, in Gefangenschaft oder von Besatzungssoldaten vergewaltigt wurden. Zeit ihres Lebens haben sie die Bilder verdrängt, das Leid ausgeklammert.

Wenn im Alter der Geist nicht mehr alles beherrscht, die auferlegten Schranken fallen, kommt die Angst zurück und alles ist wieder da, wird noch einmal durchlitten.

Betreten Pfleger den Raum, die Frauen umkleiden, gar waschen, alle Bereiche des Körpers berühren wollen, bricht Panik aus. Oft sind diese Frauen körperlich schon so schwach, dass sie nicht weglaufen können, vielleicht vermögen sie nicht einmal mehr laut zu rufen.

Welch' ein ungeheuerlicher Zustand für die Frauen. Wieder scheinbar unausweichlich ausgeliefert zu sein. Dagegen hilft das Schild an der Zimmertür.

Heute werden für Pflegende Fortbildungen angeboten, damit sie diese Zusammenhänge verstehen können. Sie hören von der Geschichte, von Psychologie, von Empathie und lernen, wie sie sich verhalten sollen.

Ein weiteres Problem besteht neuerdings darin, dass viele Mitarbeiter in Altenheimen aus dem osteuropäischen Raum stammen.

Sie sind empfindsame Menschen und gehen erfahrungsgemäß wunderbar mit den Senioren um; sie sind liebevoll, engagiert und aufmerksam. Aber ihre Sprache entlarvt sie und lässt die Erinnerungen in den Bewohnern wieder wach werden. Das ist eine ungeheure Herausforderung in vielen Heimen.

i) Unerwartete Reaktion

Erstbesuch an einem Wintertag bei einer Dame im Altenheim, die nicht mehr ansprechbar war. Sie lag ruhig und entspannt in ihrem Bett.

Als ich das Zimmer betrat, war ich angenehm überrascht. Die Pfleger hatten eine CD aufgelegt, die den Raum ganz leise mit beruhigenden Tönen ausfüllte. Eine Duftlampe brannte und verbreitete einen zarten Hauch von Orange. Es war eine surreale Situation: Sofort fühlte ich mich geborgen und behaglich in dieser todernsten Atmosphäre.

Ich zog meine schwarze Winterjacke aus und trat ans Bett. In diesem Moment konnte ich sehen, wie der Körper sich stärker auf die Unterlage und das Kopfkissen drückte, als wolle sie mir ausweichen. Erstaunt blieb ich stehen. Und weil ich schon etwas vorgebeugt stand, um sie zu begrüßen, sah ich meine schwarzen Hosenbeine. Ich trug auch einen dunklen Rollkragenpullover.

Ich hatte etwas falsch gemacht. Sah sie in mir den Bestatter? Den Leibhaftigen, der sie holen wollte? Obwohl wir glaubten, dass sie nichts mehr wahrnehmen konnte, zeigte sie diese starke Reaktion.

Weil ich zu der schwarzen Jacke etwas farbenfroh aussehen wollte, hatte ich einen bunten Schal dabei. Diesen legte ich mir um den Oberkörper, wickelte mich darin ein. Dann ging ich erneut langsam auf das Bett zu und konnte sehen, dass die Dame sich sichtbar entspannte.

Ich saß zwei Stunden neben ihr, suchte vorsichtig Kontakt, indem ich meinen Handrücken an ihren legte. Das ließ sie zu. Ich war gerührt, dass sie nach dieser Schocksituation vom Anfang Vertrauen zu mir fassen konnte.

Diese kurze Begleitung war für mich eine gute Erfahrung. Seitdem ziehe ich mindestens bei einem Erstbesuch keine zu dunkle Kleidung an. Wenn man sich besser kennt und miteinander gesprochen hat, ist das etwas anderes. Der erste Eindruck in dieser sensiblen

Begegnung ist bedeutend. Manchmal sind es Kleinigkeiten, die den weiteren Verlauf des Beisammenseins bestimmen.

j) Töchter versuchen alles

In einer Begleitung hatte ich ein gutes Verhältnis zu der Patientin. Wir waren längere Zeit zusammen und vertraut miteinander. Der Krebs hatte gestreut; der Körper war voller Metastasen. Nur in wenigen Fällen bringt der Körper Kraft genug hervor, um davon wieder zu gesunden.

Die Kranke wollte keine Behandlung mehr, es war schon viel unternommen worden, aber immer wieder flammte die Erkrankung auf. Sie wollte sich in Ruhe auf das Ende und den Tod vorbereiten. Wir sprachen oft darüber.

Aber da gab es die zwei Töchter. Sie hatten im Internet alle Möglichkeiten der Heilung gefunden, schon Termine im Ausland vorgesehen und mit örtlichen Koryphäen Kontakt aufgenommen. Eine Tochter führte Gespräche mit einem Heilpraktiker und Seher.

Die Patientin wollte das nicht mehr. Der Aktionismus der Töchter machte sie traurig. Sie sagte: „Sie hören nicht hin, wenn ich ihnen sage, dass ich keine Kraft mehr habe. Ich will nicht mehr leben. Aber sie fühlen sich besser, wenn sie etwas tun können. Sie sind ja so lieb zu mir und möchten nur helfen."

Einer weiteren Chemotherapie stimmte die Dame noch zu. Aber danach führte sie ein ehrliches Gespräch mit ihren Töchtern, die endlich begriffen, dass es zu Ende ging. Nach und nach fügten sie sich dem Schicksal und stimmten zu, nur noch abzuwarten. Sie wollten der Mutter in der letzten Lebenszeit beistehen und einfach für sie da sein.

Die drei Frauen verbrachten noch eine intensive Zeit miteinander. Sie redeten über Erlebnisse von früher, lachten, weinten und waren sich nahe.

Nachdem die Patientin eines Tages nicht mehr aufwachte, hielten die Töchter Wache bei ihr. Erst danach wurde sie vom Bestattungsdienst abgeholt. Auch ich durfte zeitweise dabei sein, was mir viel bedeutet hat, denn so bekam ich die Möglichkeit, diese Begleitung auch für mich abschließen.

3.16 Trauer

Wenn der betreute Mensch verstorben ist, reiche ich in der Geschäftsstelle die abschließende Dokumentation ein und die Begleitung ist dann für mich beendet.

Trotzdem möchte ich einen Abschluss finden, vor allem, wenn ich längere Zeit mit dem Menschen verbracht habe und emotional beteiligt war.

Wenn die Begleitung intensiv war und ein guter Kontakt zur Familie bestand, werde ich manchmal zur Trauerfeier eingeladen. Das bedeutet eine große Wertschätzung für mich, denn so darf ich mit ihnen zusammen Abschied nehmen.

Oder ich lese die Anzeige in der Zeitung und nehme selbständig an der Feier teil.

Wenn ich gar nichts mehr über den Verstorbenen erfahre, und ich mich aus der Begleitung verabschieden möchte, denke ich mir ein Ritual aus. So kann ich langsam wieder aus der Situation herausgehen.

Für Familie und Freunde ist die Zeit der Trauer unendlich größer. Sie haben einen geliebten Menschen verloren und einen großen Einschnitt erfahren. Die erste Zeit muss bewältigt werden mit amtlichen Formularen und Entscheidungen. Bei der Beerdigung kommen noch einmal alle Trauernden zusammen. Ein guter Trost ist dabei der „Beerdigungskaffee" danach, wo man sich ein letztes Mal versammelt, über den Verstorbenen spricht, kleine Anekdoten erzählt, denn jeder hat ihn anders erlebt und teilt seine Erinnerungen mit den anderen Gästen. Am Ende geht man versöhnlich auseinander, vielleicht sind Termine gemacht worden, eine Entspannung ist eingetreten.

Die eigentliche Trauerarbeit setzt erst später ein und jeder Mensch darf auf seine Weise trauern.

Der eine baut Altäre mit Fotos des Verstorbenen, der andere räumt sofort alles fort, das nur entfernt an ihn erinnern könnte. Die Form und Dauer der Trauer soll jeder selbst bestimmen und keiner hat das Recht, ihm seine Art der Trauer auszureden.

Wenn die Trauer gar nicht zu bewältigen ist, bieten z.B. auch Hospizvereine Trauergruppen oder Trauergespräche an, um die Hinterbliebenen zu unterstürzen oder ihnen Hinweise und Denkanstöße zu geben, wie sie mit ihrer Trauer umgehen können.

3.17 Wie begegne ich Sterbenden in meinem privaten Bereich?

War ich immer für die mir Nahestehenden da? Mir ist aufgefallen, dass ich hospizlich, also „offiziell", anders mit Krankheiten und Sterben umgehe als privat.

Trotz aller Ausbildungen und Erfahrungen erwische ich mich dabei, wie ich selbst davon spreche, dass es sicher Behandlungen gibt, Auswege.

„Vielleicht wird es wieder." Privat bin ich auf einer anderen Ebene berührt als bei der Begleitung eines mir völlig fremden Menschen. Da wird es persönlich, meine eigenen Emotionen sind angesprochen. Die Gefühle spielen viel mehr mit als bei den Hospizbegleitungen. Es geht um meine Familie, meine Vergangenheit und Biografie. Oder um gute Freunde, mit denen ich mich entwickelt habe, und die zu mir gehören.

Einmal bin ich privat „offiziell" geworden. Meine Mutter wurde dement und um das zu ertragen, habe ich innerlich umgeschaltet. Als Tochter hätte ich es kaum aushalten können. So begegnete ich ihr professionell wie einer lieben alten Dame während meiner Begleitungen. Da konnte ich sie so sehen, wie sie sich gerade gab. Sie war nicht mehr meine Mutter, die mich geliebt, mich umsorgt und mich auf den Lebensweg gebracht hatte. Ich konnte jetzt zusehen, wie sie aß, im Buch las, welches sie falsch herum hielt, redete, was ihr in den Sinn kam. Da passte eins nicht mehr zum anderen. Es war ihr Sinn, es war ihr Verständnis.

Was weiß ich denn, in welcher Welt sie sich bewegte? Man merkte, dass es ihr gut ging, da, wo sie gerade war. Sie hat gesungen, mit irgendwem geredet. Ich habe sie dort gelassen, habe sie liebevoll umgeben und war in dem Moment sehr dankbar für meine Ausbildung. Auf der Ebene als Tochter hätte ich die Situation schwer bewältigen können.

4. Gedanken am Sterbebett

Keine Kraft mehr

Die Reserven sind verbraucht

Das Ende kommt ruhig

Der Atem verhaucht

Das Leben verhallt

Ausgelöscht

TOT

In Gedanken immer da

Gegenwärtig

Ein Teil von uns

© Barbara Palsherm-Schäfer

Die Gedanken schwirren umher

und können sich nicht bündeln

Es sind zu viele Eindrücke

Die Erinnerungen geben keine Ruhe

und lassen das Leben nicht gehen

Die Schmerzen sind gebannt

der Körper nicht mehr gefühlt

schwach und krank

lässt er das Leben gehen

Der Geist begreift

und hält nun Ruhe

Alles ist so wie es sein soll

Losgelöst von Raum und Zeit

lässt er das Leben gehen

© Barbara Palsherm-Schäfer

Ein ganzes pralles Leben

gefüllt mit Freude und Schmerz

Liebe und Anerkennung

Nichtverstandenwerden

Ein Kaleidoskop

funkelnder bunter Splitter

Momentaufnahme vieler Jahre

Der Bogen spannt sich

voll lebhafter Bilder

Das Leben flacht ab

versandet und verliert sich

in unbestimmbaren Mäandern

Nicht mehr greifbar

Verflüchtigt sich in die Unendlichkeit

© Barbara Palsherm-Schäfer

Die Kraft schwindet

Das Atmen fällt schwer

Der Körper ist eine nutzlose Hülle geworden

lästig

hinderlich

sterbenskrank

Der Geist ruht aus

Die Gedanken sind träge

Sie haben verzweifelt nach Auswegen gesucht

Haben jetzt akzeptiert

Das Leben schwindet

Der Atem wird schwach

Das Leben verhaucht

Die Seele bleibt

Sie ist noch da

irgendwo

irgendwie

Als Erinnerung des vergänglichen Menschen

© Barbara Palsherm-Schäfer

5. Finanzierung

Palliativstationen in Krankenhäusern

Für Palliativstationen greifen spezielle Krankenhaussätze. Sie werden von der gesetzlichen Krankenkasse gezahlt.

Palliativpflege

Für die ambulante Behandlung im Rahmen der Palliativpflege wird vom Hausarzt eine ärztliche Verordnung dazu ausgestellt.

Stationäres Hospiz

Im stationären Hospiz tritt die Krankenkasse für die medizinische Behandlung ein. Dazu kommen die Sätze der Pflegestufe.

Ambulante Hospizarbeit

Bei der ambulanten Hospizarbeit ist es etwas komplizierter.

§ 39a klärt die Finanzierung. Es gibt eine Bezuschussung durch die Krankenkassen. Dieser Zuschuss setzt sich zusammen aus der Zahl der Ehrenamtlichen und der Zahl der Begleitungen, die sie geleistet haben.

Aber diese Arbeit braucht unbedingt Unterstützung durch Spenden.

Stand: 2016

6. Adressen der Hospizvereine

Christophorus Hospiz Verein e.V.

Effnerstraße 93

81925 München

Tel 089/1307870

Mail: info@chv.org

Lübecker Hospizbewegung e.V.

Breite Straße 50

23552 Lübeck

Tel. 0451/8007775

Mail: hl.hospizbewegung@t-online.de

7. Literaturliste

Augustinus, Aurelius: „Vom Gottesstaat" Buch 11 bis 22, Kapitel 30, Artemis Verlags-AG, Zürich, 1955.

Du Boulay, Shirley: „Cicely Saunders. Ein Leben für Sterbende", Tyrolia Verlag, Innsbruck, 1987.

Kübler-Ross, Elisabeth: „Interview mit Sterbenden", Droemer Knaur Verlag, 2001.

Danksagung

Danke den Menschen, die ich begleiten durfte, die mir Vertrauen geschenkt und mich an ihrem Leben und Sterben haben teilhaben lassen.

Danke dem Christophorus Hospiz Verein e.V. für die umfassende Ausbildung und die ersten Jahre, die ich dort als Sterbebegleiterin arbeiten konnte.

Danke der Lübecker Hospizbewegung e.V., wo ich sofort nach meinem Umzug in Lübeck als Sterbebegleiterin dazugehörte und zeitweise im Vorstand tätig war.

Danke denen, die mir Mut gemacht haben, meine Erfahrungen aufzuschreiben und zu einem Büchlein zusammenzufassen.

Danke an Angela und Christa, die den ersten Entwurf freundlich beurteilten und mich bestärkten, weiter zu schreiben.

Danke besonders an Ursula, die meinen Text atomisierte und wieder zusammenfügte. Dadurch sah ich meinen Weg zu einem zügigen verdichteten Schreiben, das ich neu verfassen konnte.

Danke an Johanna, der das neue Manuskript gefiel und die mir Tipps für die nächsten Schritte gezeigt hat.

Danke dem IT-Helden Samuel, der Dateien aus den Sphären des Computers zurückholte und sich mit Technik auskennt.

Danke an Eva-Maria Nielsen für das blitzschnelle Lektorat, in dem sie meine Gedanken, Worte und Formulierungen beließ und großes Wissen zum Inhalt zeigte.

Zeitfracht Medien GmbH
Ferdinand-Jühlke-Straße 7
99095 Erfurt, Deutschland
produktsicherheit@kolibri360.de